TAM PEPPERONİ YEMEK KİTABI

100 Tarifle Pepperoni Kreasyonlarının Baharatlı Dünyasını Keşfetmek

Eylül Çelik

Telif Hakkı Malzemesi ©2023

Her hakkı saklıdır

Bu kitabın hiçbir bölümü, incelemede kullanılan kısa alıntılar dışında, yayıncının ve telif hakkı sahibinin uygun yazılı izni olmadan, hiçbir şekilde veya yöntemle kullanılamaz veya aktarılamaz. Bu kitap tıbbi, hukuki veya diğer profesyonel tavsiyelerin yerine geçmemelidir.

İÇİNDEKİLER _

- İÇİNDEKİLER _ 3
- GİRİİŞ 6
- KAHVALTI 7
  - 1. Biberli ve Mozzarellali Cruffin 8
  - 2. İtalyan Pizza Waffle'ları 10
  - 3. Pizza Kruvasanlari 12
  - 4. Baharatlı Pepperoni Kruvasanlar 15
  - 5. Çekilebilir Pizza Ekmeği 17
  - 6. Biberli ve Peynirli Omlet 19
  - 7. Biberli Kahvaltı Burrito 21
  - 8. Pepperoni ve Ispanaklı Kahvaltı Muffinleri 23
  - 9. Biberli ve Patatesli Kahvaltı Karması 25
  - 10. Pepperoni ve Mantarlı Quesadilla 27
  - 11. Biberli ve Yumurtalı Kahvaltı Pizzası 29
  - 12. Biberli ve Domatesli Kahvaltı Sandviçi 31
  - 13. Pepperoni ve Cheddar Kahvaltı Bisküvisi 33
  - 14. Biberli ve Avokadolu Kahvaltı Sarması 35
  - 15. Pepperoni ve Hash Brown Güveç 37
  - 16. Pepperoni ve Kabak Kahvaltı Frittata 39
  - 17. Biberli ve Peynirli Kahvaltılık Simit 41
- ATIŞTIRMALIKLAR 43
  - 18. Pepperoni Cipsi 44
  - 19. Sıcak Pizza Süper Dip 46
  - 20. Pizza Dolması Simit Bombaları 48
  - 21. Biberli Pizza Çörekler 50
  - 22. Biberli Ekmek Çubuklari 52
  - 23. Çiftlik Pizza Fırıldaklar 54
  - 24. Biberli İngiliz Muffin Pizza 56
  - 25. Carbquik Biberli Ekmek Çubukları 58
  - 26. Peynirli Pizza Ruloları 60
  - 27. İtalyan Pepperoni Roll-up'ları 62
  - 28. Jalapeno bombalari 64
  - 29. Peynirli Pizza Fırıldakları 66
  - 30. Hızlı ve İlginç Quesadillas 69
  - 31. Peynirli Biberli Pizza Sosu 71
  - 32. Çiftlik Pizza Fırıldaklar 73
  - 33. Biberli ve Ispanaklı Mantar Dolması 75
  - 34. Pepperoni, Provolon & Pecorino Pide 77
  - 35. Pepperoni ve Peynirli Kabobs 79
  - 36. Biberli ve Krem Peynirli Roll-up'lar 81
  - 37. Pepperoni ve Zeytin Lokmaları 83

38. BİBERLİ VE SEBZELİ MANTAR DOLMASI 85
PİZZA 87
39. CARBQUIK BEYAZ PİZZA 88
40. BAHÇE FESLEĞEN BİBERLİ PİZZA 90
41. DERİN DÖKME DEMİR PİZZA 92
42. SAHTE BİBERLİ RAMEN PİZZA 95
43. BİBERLİ VE SEBZELİ PİZZA 97
44. BİBERLİ VE PASTIRMALI BARBEKÜ PİZZA 99
45. BİBERLİ VE PESTOLU PİZZA 101
46. BİBERLİ VE MANTARLI ALFREDO PİZZA 103
47. PEPPERONİ VE ISPANAKLI ENGİNAR PİZZA 105
48. BİBERLİ VE TAVUKLU ALFREDO GÖZLEME PİZZA 107
49. MİKRODALGA KUPA PİZZA 109
50. BİBERLİ VE BUFFALO TAVUKLU PİZZA 111
51. PİZZA MAC PEYNİRİ 113
52. PEPPERONİ VE AKDENİZ PİZZA 115
MAKARNA 117
53. BİBERLİ VE SOSİSLİ MAKARNA FIRINDA 118
54. BİBERLİ LAZANYA 120
55. PEPPERONİ VE BROKOLİ ALFREDO DOLDURULMUŞ KABUKLAR 122
56. PEPPERONİ VE RİCOTTA DOLDURULMUŞ KABUKLAR 124
57. PEYNİRLİ PEPPERONİ FIRINDA RIGATONİ 126
58. BİBERLİ VE DOMATESLİ PENNE MAKARNA 129
59. PEPPERONİ VE BROKOLİ ALFREDO LİNGUİNE 131
60. MARİNARA İLE BİBERLİ VE ISPANAKLI RIGATONİ 133
61. PEPPERONİ VE MANTARLI SPAGETTİ AGLIO E OLIO 135
62. PEPPERONİ VE GÜNEŞTE KURUTULMUŞ DOMATES PESTO CAVATAPPİ 137
63. PEPPERONİ VE KABAK ERİŞTE TAVADA KIZARTMA 139
64. BİBERLİ VE KÖZLENMİŞ KIRMIZI BİBERLİ FETTUCCİNE 141
65. PEPPERONİ VE KUŞKONMAZ LİMONLU SPAGETTİ 143
ANA DİL 145
66. PEPPERONİ VE GÜNEŞTE KURUTULMUŞ DOMATES PESTO GÖZLEME 146
67. CARBQUIK PİZZA GÜVEÇ 148
68. BİBERLİ TAVUK 151
69. PEPPERONİ VE MANTARLI CALZONE 153
70. PEPPERONİ VE ISPANAK DOLMASI TAVUK GÖĞSÜ 155
71. SARIMSAKLI TOST KRUTONLU PİZZA ÇORBASI 157
72. PEPPERONİ VE MISIR UNU KABUKLU KALAMAR 159
73. IZGARA CALZONE 161
74. BİBERLİ KÖFTE 163
75. BİBERLİ VE SEBZELİ BİBER DOLMASI 165
76. PEPPERONİ VE SEBZE STROMBOLİ 167
77. PEPPERONİ VE PESTO TORTELLİNİ FIRINDA 169

ÇORBALAR 171
78. BİBERLİ PİZZA ÇORBASI 172
79. BİBERLİ HAŞLANMIŞ HİNDİ BİBERİ 174
80. BİBERLİ PEYNİR ÇORBASI 176
81. PEPPERONİ VE DOMATES ÇORBASI 179
82. PEPPERONİ VE FASULYE ÇORBASI 181
83. PEPPERONİ VE PATATES ÇORBASI 183
84. PEPPERONİ VE MERCİMEK ÇORBASI 185
85. PEPPERONİ VE MANTARLI ARPA ÇORBASI 187
86. BİBERLİ VE BEYAZ FASULYELİ ESCAROLE ÇORBASI 189
87. PEPPERONİ VE TORTELLİNİ ÇORBASI 191
88. BİBERLİ VE ISPANAKLI ORZO ÇORBASI 193

SALATALAR 195
89. TORTELLİNİ SALATASI 196
90. MEZE WONTON SALATASI 198
91. PEPPERONİ VE MAKARNA SALATASI 200
92. PEPPERONİ VE SEZAR SALATASI 202
93. PEPPERONİ VE NOHUT SALATASI 204
94. PEPPERONİ VE AVOKADO CAPRESE SALATASI 206
95. PEPPERONİ VE KİNOA SALATASI 208
96. PEPPERONİ VE ISPANAKLI ÇİLEK SALATASI 210
97. BİBERLİ VE NOHUTLU YUNAN SALATASI 212

TATLI 214
98. PEPPERONİ VE ÇIKOLATA KABUĞU 215
99. AKÇAAĞAÇ PEPPERONI CUPCAKES 217
100. BİBERLİ PİZZA KEK 219

ÇÖZÜM 221

GİRİİŞ

Mutfak dünyasının en sevilen ve çok yönlü malzemelerinden biri olan biberlinin dünyasına heyecan verici bir yolculuğa hoş geldiniz. " TAM PEPPERONİ YEMEK KİTABI"nda sizi bu ikonik kurutulmuş etle hazırlanabilecek baharatlı, tuzlu ve düpedüz leziz kreasyonları keşfederek lezzet dolu bir maceraya atılmaya davet ediyoruz.

Pepperoni, cesur ve leziz profiliyle uzun zamandır pizzaların favori malzemesi olmuştur, ancak bu yemek kitabı, potansiyelinin pizza kutusunun çok ötesine geçtiğini göstermek için burada. Bu leziz sosisle elde edilebileceklerin sınırlarını zorlayan, özenle seçilmiş 100 tarifimizi sunarken şaşırmaya hazırlanın. Mezelerden ana yemeklerden atıştırmalıklara ve hatta tatlılara kadar mutfak deneyiminizi yeniden tanımlamak için pepperoninin baharatlı dünyasının derinliklerine dalıyoruz.

Ev yapımı pepperoni hazırlamanın sırlarını çözerken, onu yemeklerinize dahil etmenin yenilikçi yollarını keşfederken ve bu çok yönlü malzemenin masaya getirdiği zengin lezzet dokusunu kutlarken bize katılın. İster deneyimli bir şef, ister denemeye istekli bir ev aşçısı olun, "TAM PEPPERONİ YEMEK KİTABI" mutfak repertuarınızı yükseltmeniz için rehberinizdir.

Öyleyse önlüğünüzü bağlayın, bıçaklarınızı bileyin ve damak tadınızı tatmin edecek ve daha fazlasını istemenize neden olacak, biberli bir mutfak yolculuğuna çıkmaya hazırlanın.

KAHVALTI

1. Biberli ve Mozzarellalı Cruffin

İÇİNDEKİLER:
- Önceden hazırlanmış kruvasan hamuru
- Dilimlenmiş biber
- Rendelenmiş mozarella peyniri
- Domates sosu (daldırma için, isteğe bağlı)
- Kurutulmuş kekik ve fesleğen (isteğe bağlı)

TALİMATLAR:
a) Fırınınızı kruvasan hamuru paketinde önerilen sıcaklığa kadar önceden ısıtın.

b) Kruvasan hamurunu temiz bir yüzeyde açın ve hamurun türüne göre üçgen veya dikdörtgenlere ayırın.

c) Her bir hamur parçasının üzerine aşağıdaki malzemeleri katıyoruz; dilimlenmiş pepperoni, rendelenmiş mozzarella peyniri ve bir tutam kurutulmuş kekik ve fesleğen (istenirse).

ç) Hamuru geniş kısmından başlayarak, cruffin şekli oluşturacak şekilde yuvarlayın. Pişirme sırasında dolgunun dökülmesini önlemek için kenarlarını kapatın.

d) Hazırlanan krutonları bir muffin kalıbına veya parşömen kağıdıyla kaplı bir fırın tepsisine yerleştirin.

e) Önceden ısıtılmış fırında, kruvasan hamuru paketinin üzerinde belirtilen süre boyunca veya kekler altın rengi kahverengi olana ve peynir eriyip kabarcıklanıncaya kadar pişirin.

f) Dilerseniz Pepperoni ve Mozzarellalı Cruffin'leri üzerine daldırmak için domates sosuyla birlikte servis edebilirsiniz.

2.İtalyan pizza waffle'ları

İÇİNDEKİLER:
- 4 yumurta
- 1 çay kaşığı İtalyan baharatı
- 4 yemek kaşığı parmesan peyniri
- 3 yemek kaşığı Badem Unu
- 1 yemek kaşığı Pastırma Yağı
- 1 yemek kaşığı Psyllium Kabuğu Tozu
- Tatmak için biber ve tuz
- ½ su bardağı Domates Sosu
- 1 çay kaşığı Kabartma Tozu
- 3 ons kaşar peyniri
- 14 dilim Pepperoni

TALİMATLAR:
a) Bir kapta, domates sosu ve peynir hariç tüm malzemeleri bir daldırma blenderi kullanarak birleştirin.
b) Waffle demirinizi önceden ısıtın ve hamurun yarısını içine dökün.
c) Birkaç dakika pişirmeye izin verin.
ç) Her waffle'ın üzerine domates sosu ve peynir ekleyin.
d) Daha sonra fırında 4 dakika kadar kavurun.
e) İstenirse üzerine biber eklenir.

3.Pizza Kruvasanları

İÇİNDEKİLER:
- 1 yaprak puf böreği, çözülmüş
- ½ bardak pizza sosu
- ½ su bardağı rendelenmiş mozzarella peyniri
- ¼ bardak dilimlenmiş pepperoni
- 1 yumurta, dövülmüş
- Üzerine serpmek için İtalyan baharatı

TALİMATLAR:

a) Fırını, puf böreği paketinin üzerinde belirtilen sıcaklığa, genellikle 190°C (375°F) civarına kadar önceden ısıtın.

b) Hafifçe unlanmış bir yüzey üzerinde, çözülmüş puf böreği tabakasını açın ve eşit kalınlıkta olacak şekilde hafifçe açın.

c) Bir bıçak veya pizza kesici kullanarak milföy hamurunu üçgenler halinde kesin. Tercih ettiğiniz boyuta bağlı olarak yaklaşık 6-8 üçgen almalısınız.

ç) Her bir puf böreği üçgeninin üzerine, kenarlarında küçük bir kenarlık bırakarak ince bir tabaka pizza sosu sürün.

d) Her üçgenin üzerine rendelenmiş mozzarella peynirini pizza sosu tabakasının üzerine serpin.

e) Peynirin üzerine birkaç dilim pepperoni koyun ve bunları eşit şekilde dağıtın.

f) Her üçgenin geniş ucundan başlayarak, hamuru dikkatlice sivri uca doğru yuvarlayarak kruvasan şekli oluşturun. Pişirme sırasında dolgunun dışarı sızmasını önlemek için kenarlarını kapatın.

g) Hazırlanan pizza kruvasanlarını parşömen kağıdıyla kaplı bir fırın tepsisine yerleştirin ve aralarında pişirme sırasında genleşecek bir miktar boşluk bırakın.

ğ) Her kruvasanın üstünü çırpılmış yumurtayla fırçalayın, bu onlara pişirildiğinde güzel bir altın rengi verecektir.

h) Ekstra lezzet katmak için her kruvasanın üstüne İtalyan baharatını serpin.

ı) Pizza Kruvasanlarını önceden ısıtılmış fırında yaklaşık 15-18 dakika veya altın kahverengiye dönüp kabarıncaya kadar pişirin.

i) Piştikten sonra kruvasanları fırından çıkarın ve tel ızgara üzerinde hafifçe soğumasını bekleyin.

j) Lezzetli ev yapımı Pizza Kruvasanlarını öğle yemeği, akşam yemeği veya parti atıştırmalıkları için lezzetli bir ikram olarak servis edin. Hem çocukların hem de yetişkinlerin ilgisini çekecekleri kesin.

4.Baharatlı Pepperoni Kruvasanlar

İÇİNDEKİLER:
- Temel kruvasan hamuru
- 6 oz. dilimlenmiş biber
- ¼ bardak rendelenmiş mozzarella peyniri
- ¼ bardak doğranmış yeşil biber
- 1 yemek kaşığı su ile çırpılmış 1 yumurta

TALİMATLAR:
a) Kruvasan hamurunu büyük bir dikdörtgen şeklinde açın.
b) Hamuru üçgenler halinde kesin.
c) Dilimlenmiş sucukları, rendelenmiş mozzarella peynirini ve doğranmış yeşil biberleri her kruvasanın alt yarısına yayın.
ç) Kruvasanın üst yarısını değiştirin ve hafifçe bastırın.
d) Kruvasanları pişirme kağıdı serili bir fırın tepsisine yerleştirin, üzerine yumurta sarısı sürün ve 1 saat mayalanmaya bırakın.
e) Fırını önceden 200°C'ye (400°F) ısıtın ve kruvasanları altın kahverengi olana kadar 20-25 dakika pişirin.

5.Çekilebilir Pizza Ekmeği

İÇİNDEKİLER:

- 12 oz. tüpte soğutulmuş lapa lapa bisküvi, dörde bölünmüş
- 1 T.zeytinyağı
- 12 dilim pepperoni, dörde bölünmüş
- 1/4 c. rendelenmiş mozarella peyniri
- 1 soğan, doğranmış
- 1 ton. İtalyan baharatı
- 1/4 ton. sarımsak tuzu
- 1/4 c. Rendelenmiş parmesan peyniri

TALİMATLAR:

a) Bisküvileri yağla fırçalayın; bir kenara koyun. Kalan malzemeleri bir kasede birleştirin; bisküvi ekleyin.

b) İyice atın; iyice yağlanmış alüminyum folyo ile kaplı bir Bundt ® tavaya yerleştirin.

c) 400 derecede 15 dakika pişirin.

ç) Ekmeği tavadan çıkarın; servis etmek için ayırın.

6.Biberli ve peynirli omlet

İÇİNDEKİLER:

- 3 yumurta
- 1/4 bardak doğranmış pepperoni
- 1/4 su bardağı rendelenmiş peynir (kaşar veya mozzarella)
- Tatmak için biber ve tuz

TALİMATLAR:

a) Yumurtaları bir kasede çırpın, tuz ve karabiberle tatlandırın.
b) Yapışmaz bir tavayı orta ateşte ısıtın.
c) Çırpılmış yumurtaları tavaya dökün.
ç) Omletin yarısının üzerine doğranmış biberleri ve rendelenmiş peyniri eşit şekilde serpin.
d) Yumurtalar piştikten sonra diğer yarısını dolgunun üzerine katlayın.
e) Bir dakika daha pişirin, ardından omleti bir tabağa kaydırın.

7.Biberli Kahvaltı Burrito

İÇİNDEKİLER:
- 2 büyük tortilla
- 1/2 bardak doğranmış pepperoni
- 4 yumurta, çırpılmış
- 1/4 su bardağı rendelenmiş peynir
- Salsa (isteğe bağlı)

TALİMATLAR:
a) Tortillaları kuru bir tavada veya mikrodalgada ısıtın.
b) Aynı tavada doğranmış biberleri hafif çıtır olana kadar pişirin.
c) Yumurtaları çırpın ve biberli tavaya ekleyin.
ç) Yumurtalar piştikten sonra karışımı her tortillanın ortasına kaşıkla dökün.
d) Rendelenmiş peyniri yumurtaların üzerine serpin ve tortillaları burritolara katlayın.
e) İsteğe bağlı: Yanında salsa ile servis yapın.

8.Pepperoni ve Ispanaklı Kahvaltı Muffinleri

İÇİNDEKİLER:

- 6 yumurta
- 1/2 bardak doğranmış pepperoni
- 1 su bardağı taze ıspanak, doğranmış
- 1/4 su bardağı rendelenmiş peynir
- Tatmak için biber ve tuz

TALİMATLAR:

a) Fırını önceden 375°F (190°C)'ye ısıtın ve muffin kalıbını yağlayın.
b) Bir kapta yumurtaları çırpın, tuz ve karabiberle tatlandırın.
c) Doğranmış biberi, doğranmış ıspanağı ve rendelenmiş peyniri ekleyip karıştırın.
ç) Karışımı muffin kalıbına dökün, her bardağın yaklaşık üçte ikisini doldurun.
d) 20-25 dakika veya muffinler sertleşip hafifçe kızarıncaya kadar pişirin.

9. Biberli ve Patatesli Kahvaltı Karması

İÇİNDEKİLER:

- 2 patates, doğranmış
- 1/2 bardak doğranmış pepperoni
- 1/2 soğan, ince doğranmış
- 2 diş sarımsak, kıyılmış
- 2 yemek kaşığı zeytinyağı
- Tatmak için biber ve tuz

TALİMATLAR:

a) Zeytinyağını bir tavada orta ateşte ısıtın.
b) Doğranmış patatesleri ekleyin ve altın rengi kahverengi olana ve tamamen pişene kadar pişirin.
c) Tavaya doğranmış biberleri, doğranmış soğanı ve kıyılmış sarımsağı ekleyin.
ç) Tuz ve karabiber ekleyin ve soğan yarı saydam oluncaya kadar pişirin.
d) Haşlamayı sıcak olarak, isteğe bağlı olarak üzerine kızarmış yumurta ile servis yapın.

10.Pepperoni ve Mantarlı Quesadilla

İÇİNDEKİLER:
- 2 büyük un tortillası
- 1/2 bardak doğranmış pepperoni
- 1/2 bardak dilimlenmiş mantar
- 1/4 bardak doğranmış dolmalık biber
- 1/2 su bardağı rendelenmiş peynir (seçiminiz)

TALİMATLAR:
a) Bir tavada doğranmış biberleri hafif çıtır olana kadar pişirin.
b) Tavaya dilimlenmiş mantarları ve doğranmış biberleri ekleyin ve yumuşayana kadar soteleyin.
c) Tavaya bir tortilla yerleştirin, üzerine rendelenmiş peynir serpin ve biberli ve sebze karışımını ekleyin.
ç) Üzerine başka bir tortilla koyun ve peynir eriyene ve tortillalar altın rengi kahverengi olana kadar pişirin.
d) takozlar halinde kesin ve servis yapın.

11.Biberli ve Yumurtalı Kahvaltı Pizzası

İÇİNDEKİLER:

- Pizza hamuru (mağazadan satın alınan veya ev yapımı)
- 1/2 bardak pizza sosu
- 1 su bardağı rendelenmiş mozarella peyniri
- 1/2 bardak doğranmış pepperoni
- 3 yumurta

TALİMATLAR:

a) Fırını pizza hamuru talimatlarına göre önceden ısıtın.
b) Pizza hamurunu açın ve pizza sosunu eşit şekilde dağıtın.
c) Pizzanın üzerine rendelenmiş mozzarella peyniri ve doğranmış pepperoniyi serpin.
ç) Topinglerde küçük çukurlar oluşturun ve her çukura bir yumurta kırın.
d) Kabuk altın rengi oluncaya ve yumurtalar istediğiniz şekilde pişene kadar pizza hamuru talimatlarına göre pişirin.

12. Biberli ve Domatesli Kahvaltı Sandviçi

İÇİNDEKİLER:
- İngiliz kekleri, bölünmüş ve kızartılmış
- 4 yumurta, kızarmış veya çırpılmış
- 1/2 bardak doğranmış pepperoni
- Dilimlenmiş domates
- Dilimlenmiş peynir (kaşar veya İsviçre)

TALİMATLAR:
a) Yumurtaları tercihinize göre pişirin (kızarmış veya çırpılmış).
b) Kızarmış İngiliz keklerinin üzerine yumurtaları, doğranmış biberleri, dilimlenmiş domatesleri ve peyniri koyun.
c) Sandviçi toplayın ve hemen servis yapın.

13.Pepperoni ve Cheddar Kahvaltı Bisküvisi

İÇİNDEKİLER:

- 2 su bardağı bisküvi karışımı (mağazadan satın alınan veya ev yapımı)
- 2/3 su bardağı süt
- 1/2 bardak doğranmış pepperoni
- 1/2 su bardağı rendelenmiş kaşar peyniri

TALİMATLAR:

a) Fırını bisküvi karışımı talimatlarına göre önceden ısıtın.
b) Bir kapta bisküvi karışımını, sütü, doğranmış pepperoniyi ve rendelenmiş kaşar peynirini birleştirin.
c) Bir kaşık dolusu hamurdan fırın tepsisine dökün.
ç) Bisküviler altın rengi kahverengi olana kadar bisküvi karışımı talimatlarına göre pişirin.

14. Biberli ve Avokadolu Kahvaltı Sarması

İÇİNDEKİLER:

- 2 büyük tortilla
- 1/2 bardak doğranmış pepperoni
- 1 avokado, dilimlenmiş
- 1/4 bardak doğranmış domates
- 2 yemek kaşığı krem peynir

TALİMATLAR:

a) Her tortillanın üzerine krem peyniri sürün.
b) Her tortillanın bir yarısına doğranmış biberleri, avokado dilimlerini ve doğranmış domatesleri katlayın.
c) Sarma oluşturmak için ekmeği ikiye katlayın.
ç) Bir tavayı ısıtın ve tortilla çıtır çıtır olana kadar sarmaları her iki taraftan hafifçe kızartın.

15. Pepperoni ve Hash Brown Güveç

İÇİNDEKİLER:

- 4 bardak dondurulmuş hash browns, çözülmüş
- 1/2 bardak doğranmış pepperoni
- 1 su bardağı rendelenmiş kaşar peyniri
- 6 yumurta, dövülmüş
- 1 bardak süt
- Tatmak için biber ve tuz

TALİMATLAR:

a) Fırını önceden 350°F (175°C)'ye ısıtın ve bir pişirme kabını yağlayın.
b) Çözülmüş kahverengileri pişirme kabına yayın.
c) Haşlamaların üzerine doğranmış pepperoni ve rendelenmiş kaşar peynirini serpin.
ç) Bir kapta çırpılmış yumurtaları, sütü, tuzu ve karabiberi birlikte çırpın. Haşlanmış kahverengilerin üzerine dökün.
d) 30-35 dakika veya yumurtalar sertleşene ve üst kısmı altın kahverengi olana kadar pişirin.

16.Pepperoni ve Kabak Kahvaltı Frittata

İÇİNDEKİLER:

- 6 yumurta
- 1/2 bardak doğranmış pepperoni
- 1 su bardağı rendelenmiş kabak
- 1/2 bardak beyaz peynir, ufalanmış
- 1 yemek kaşığı zeytinyağı
- Tatmak için biber ve tuz

TALİMATLAR:

a) Broileri fırında önceden ısıtın.
b) Fırına dayanıklı bir tavada, doğranmış biberleri ve rendelenmiş kabakları zeytinyağında yumuşayana kadar soteleyin.
c) Bir kapta yumurtaları çırpın, tuz ve karabiberle tatlandırın. Biber ve kabakların üzerine dökün.
ç) Üzerine ufalanmış beyaz peynir serpip ocakta kenarları sertleşinceye kadar pişirin.
d) Tavayı piliçlere aktarın ve üstü altın rengi olana ve yumurtalar tamamen sertleşene kadar kızartın.

17.Biberli ve Peynirli Kahvaltılık Simit

İÇİNDEKİLER:

- 2 simit, dilimlenmiş ve kızartılmış
- 1/2 bardak doğranmış pepperoni
- 1/4 su bardağı krem peynir
- 1/2 bardak rendelenmiş Monterey Jack peyniri
- Garnitür için taze fesleğen yaprakları (isteğe bağlı)

TALİMATLAR:

a) Her kızarmış simit yarısına krem peynir sürün.
b) Krem peynirin üzerine doğranmış pepperoni ve rendelenmiş Monterey Jack peynirini serpin.
c) Simitleri bir fırın tepsisine yerleştirin ve peynir eriyip kabarcıklanıncaya kadar kızartın.
ç) Arzu ederseniz taze fesleğen yapraklarıyla süsleyip servis yapın.

ATIŞTIRMALIKLAR

18. Pepperoni cipsi

İÇİNDEKİLER:
- 24 dilim şekersiz pepperoni
- Yağ

TALİMATLAR:
a) Fırını 425°F'ye önceden ısıtın.

b) Bir fırın tepsisini parşömen kağıdıyla kaplayın ve biberli dilimleri tek bir katmana yerleştirin.

c) 10 dakika kadar pişirin ve fırından çıkarıp kağıt havluyla fazla yağını alın.

ç) 5 dakika daha veya biberli gevrek olana kadar fırına dönün.

19.Sıcak Pizza Süper dip

İÇİNDEKİLER:
- Yumuşatılmış Krem Peynir
- mayonez
- Mozarella Peynir
- Reyhan
- Kekik
- Sarımsak Pudra
- Pepperoni
- Siyah Zeytin
- Yeşil Zil Biberler

TALİMATLAR:

a) Karışım içinde senin yumuşatılmış krem peynir, mayonez, Ve A biraz biraz ile ilgili mozarella peynir. Eklemek A serpmek ile ilgili reyhan, kekik, maydanoz, Ve sarımsak pudra, Ve karıştırmak değin onun güzelce birleştirildi.

b) Doldurmak BT içine senin derin tabak turta plaka Ve yaymak BT dışarı içinde BİR eşit katman.

c) Yaymak senin Pizza Sos Açık tepe Ve eklemek senin tercihli Topingler. İçin Bu örnek, Biz irade eklemek mozarella peynir, pepperoni siyah zeytin, Ve yeşil biberler. Pişmek en 350 için 20 dakika.

20.Pizza Dolması Simit Bombaları

İÇİNDEKİLER:

- 1 kutu (8 ons) soğutulmuş hilal rulo hamuru
- 4 adet mini pepperoni dilimi
- 4 küçük küp mozarella peyniri
- 1 çay kaşığı İtalyan baharatı
- 1 yemek kaşığı rendelenmiş parmesan peyniri
- ½ fincan marinara sosu ısıtıldı

TALİMATLAR:

a) Fırını önceden 375°F'ye (190°C) ısıtın.
b) Hilal şeklinde merdaneyle açtığınız hamuru 4 eşit kareye kesin.
c) Her karenin ortasına bir adet pepperoni dilimi ve bir küp mozzarella peyniri yerleştirin.
ç) Hamurun köşelerini dolgunun etrafına katlayarak bir top şekli oluşturun.
d) Doldurulmuş topların üzerine İtalyan baharatları ve rendelenmiş parmesan peyniri serpin.
e) Doldurulmuş topları bir fırın tepsisine yerleştirin ve önceden ısıtılmış fırında 12-15 dakika veya altın rengi kahverengi olana kadar pişirin.
f) Pizza dolgulu simit bombalarını daldırma için ısıtılmış marinara sosuyla servis edin.

21.Biberli Pizza Çörekler

İÇİNDEKİLER:

- 2 fincan çok amaçlı un
- ½ çay kaşığı tuz
- 1 yemek kaşığı kabartma tozu
- ¼ çay kaşığı karbonat
- 2 yemek kaşığı şeker
- ⅓ su bardağı soğuk tereyağı
- ½ çay kaşığı toz sarımsak
- 1 ¼ su bardağı rendelenmiş mozzarella peyniri
- ¼ su bardağı rendelenmiş kaşar peyniri
- 3½ ons paketlenmiş biberli
- 1 bardak süt

TALİMATLAR:

a) Fırını önceden 400 dereceye ısıtın. Bir sayfa tepsisini parşömen kağıdıyla hizalayın ve bir kenara koyun.

b) Büyük bir kapta tüm kuru malzemeleri birleştirin. Soğuk tereyağını karıştırın ve bir pasta kesici kullanarak küçük parçalara bölün. Biberleri daha küçük parçalar halinde kesin ve mozzarella ve çedar peynirleriyle birlikte kuru malzemelerle karıştırın. Sütü ekleyin ve tüm malzemeler iyice nemlenene kadar karıştırın.

c) Bir parça yağlı kağıdı bol miktarda unla serpin. Hamuru yağlı kağıdın üzerine kazıyın ve üzerine bir miktar daha un ekleyin.

ç) Hamurun üzerine başka bir yağlı kağıt parçası yerleştirin ve 1 ½-2 inç kalınlığa kadar bastırın.

d) Üstteki yağlı kağıdı dikkatlice çıkarın. Hamuru pasta gibi 8 parçaya bölüp yağlı kağıt üzerine dizin. Yapışmayı önlemek için tabanına un serptiğinizden emin olun.

e) 15-20 dakika veya çörekler altın rengi kahverengi olana kadar pişirin. Marinara sosuyla sıcak olarak servis yapın.

f) Pepperoni Pizza Tuzlu Çöreklerinizin tadını çıkarın!

22.Biberli ekmek çubukları

İÇİNDEKİLER:
- 2 bardak Bisquick orijinal pişirme karışımı
- ½ su bardağı soğuk su
- ½ bardak Kıyılmış pepperoni (yaklaşık 2 ons)
- ½ Çubuk margarin veya tereyağı; erimiş
- 1 yemek kaşığı rendelenmiş parmesan peyniri
- 1 su bardağı Pizza sosu

TALİMATLAR:
a) Fırını 425 dereceye ISITIN. Hamur oluşana kadar pişirme karışımını, soğuk suyu ve biberi karıştırın; 20 vuruşu geçti. Hamuru, pişirme karışımıyla tozlanmış bir yüzeye çevirin; kaplamak için pişirme karışımını yavaşça yuvarlayın. 5 kez yoğurun.

b) Hamuru 10 inçlik bir kareye yuvarlayın. Yarıdan kes. Her yarımı çapraz olarak 14 şerit halinde kesin. Şeritlerin uçlarını zıt yönlerde bükün.

c) Güvenli bir şekilde sabitlemek için uçlarını çerez kağıdına bastırarak yağlanmamış bir çerez kağıdına yerleştirin. Margarinle cömertçe fırçalayın. Peynir serpin.

ç) 10 ila 12 dakika veya açık altın rengi kahverengi olana kadar PİŞİRİN. Pizza sosunu sıcak olana kadar ısıtın. Ekmek çubuklarını pizza sosuna batırın. Yaklaşık 28 ekmek çubuğu.

23.Çiftlik Pizza Fırıldaklar

İÇİNDEKİLER:

- 1 tüp (13,8 ons) soğutulmuş pizza kabuğu
- ¼ bardak hazırlanmış çiftlik salatası sosu
- ½ bardak rendelenmiş Colby-Monterey Jack peyniri
- ½ bardak doğranmış pepperoni
- ¼ bardak doğranmış yeşil soğan
- Isıtılmış pizza sosu veya ek çiftlik salatası sosu, isteğe bağlı

TALİMATLAR:

a) Pizza hamurunu hafifçe unlanmış bir yüzey üzerinde 12x10 inçlik bir dikdörtgen şeklinde yuvarlayın. Çiftlik pansumanını ¼-inç içinde eşit şekilde dağıtın. kenarlardan. Soğanı, biberi ve peyniri serpin. Uzun kenarından başlayarak jöleli rulo gibi sarın.

b) 1 inç'e kadar dilimleyin. dilimler. Yağlanmış bir fırın tepsisine, tarafı aşağı gelecek şekilde yerleştirin. 425°'de hafifçe kızarıncaya kadar 10-13 dakika pişirin. Ekstra çiftlik sosu veya pizza sosu (isteğe bağlı) ile sıcak servis yapın. Artıkları soğutun.

24.Biberli İngiliz Muffin Pizza

İÇİNDEKİLER:
- 2 yemek kaşığı pizza sosu
- 2 yemek kaşığı rendelenmiş mozzarella peyniri
- İnce halkalar halinde dilimlenmiş biberli çubuklar
- İsteğe bağlı malzemeler: sıcak muzlu biber halkaları
- 3 İngiliz çöreği, bölünmüş

TALİMATLAR:
a) Fırınınızı 200°C'ye (400°F) önceden ısıtın.
b) Her İngiliz çöreğini ikiye bölün ve bir fırın tepsisine yerleştirin.
c) Her muffin yarısına bir kat pizza sosu sürün.
ç) Üzerine dilimlenmiş biberli turtalar, peynir ve isteğe bağlı sıcak muzlu biber halkaları ekleyin.
d) Önceden ısıtılmış fırında yaklaşık 10-12 dakika veya kenarları altın rengi olana ve peynir kabarcıklanıp hafifçe kızarıncaya kadar pişirin.
e) Fırından çıkarın ve servis yapmadan önce bir dakika soğumasını bekleyin.

25.Carbquik Biberli Ekmek Çubukları

İÇİNDEKİLER:
- 2 bardak Carbquik
- ½ su bardağı soğuk su
- ½ bardak pepperoni dilimleri, ince doğranmış
- ¼ bardak tereyağı, eritilmiş
- 1 yemek kaşığı rendelenmiş parmesan peyniri
- Düşük Karbonhidratlı Pizza Sosu (isteğe bağlı)

TALİMATLAR:
a) Fırınınızı 425°F'ye önceden ısıtın.
b) Bir karıştırma kabında Carbquik, soğuk su ve ince doğranmış sucukları birleştirin. Bir hamur oluşana kadar karıştırın ve hamur kaseden çekilip artık yapışkan olmayana kadar çırpın.
c) Hamuru Carbquik serpilmiş bir yüzeye çevirin ve kaplamak için Carbquik'te yavaşça yuvarlayın. Hamuru beş kez yoğurun.
ç) Hamuru 10 inçlik bir kareye yuvarlayın. Daha sonra ikiye bölün. Daha sonra her yarımı çapraz olarak 15 şerit halinde kesin.
d) Şeritlerin uçlarını zıt yönlerde bükerek onlara güzel bir kıvrımlı şekil verin. Bu bükülmüş şeritleri yağlanmamış bir kurabiye kağıdına yerleştirin ve güvenli bir şekilde sabitlemek için uçlarını kağıdın üzerine bastırın.
e) Galetaların üst kısımlarını eritilmiş tereyağıyla cömertçe fırçalayın ve ardından üzerine rendelenmiş parmesan peyniri serpin.
f) Ekmek çubuklarını önceden ısıtılmış fırında 10 ila 12 dakika veya açık altın kahverengi oluncaya kadar pişirin.
g) İsterseniz düşük karbonhidratlı pizza sosunu sıcak ve daldırmaya hazır olana kadar ısıtın.
ğ) Ekmek çubuklarını, daldırma sosuyla birlikte sıcak olarak servis edin. Lezzetli ev yapımı ekmek çubuklarınızın tadını çıkarın!

26.Peynirli Pizza Ruloları

İÇİNDEKİLER:

- 1 somun (1 pound) dondurulmuş pizza hamuru, çözülmüş
- ½ su bardağı makarna sosu
- 1 su bardağı rendelenmiş yarım yağlı mozzarella peyniri, bölünmüş
- 1 su bardağı iri doğranmış pepperoni (yaklaşık 64 dilim)
- Yarım kiloluk toplu İtalyan sosisi, pişirilmiş ve ufalanmış
- ¼ su bardağı rendelenmiş parmesan peyniri
- İsteğe göre kıyılmış taze fesleğen
- İsteğe göre dövülmüş kırmızı pul biber

TALİMATLAR:

a) Fırını 400°'ye önceden ısıtın. Hafifçe unlanmış bir yüzeyde hamuru 16x10 inç boyutunda yuvarlayın. dikdörtgen. Makarna sosunu kenarların ½ inç yakınına kadar fırçalayın.

b) ½ bardak mozzarella peyniri, pepperoni, sosis ve Parmesan serpin. Yuvarla uzun kenardan başlayarak jöle rulo stili; mühürlemek için dikişi sıkıştırın.

c) 8 dilime kesin. Yağlanmış 9 inçlik dökme demir tavaya veya yağlanmış 9 inçlik yuvarlak fırın tepsisine, kesik tarafı aşağı bakacak şekilde yerleştirin.

ç) 20 dakika pişirin; kalan mozzarella peynirini serpin. Altın rengine kadar pişirin kahverengi, 5-10 dakika daha uzun. Arzu ederseniz kıyılmış taze fesleğen ve ezilmiş kırmızı biber ile servis yapın. biber gevreği.

27. İtalyan Pepperoni Roll-up'ları

İÇİNDEKİLER:

- 5 10 inçlik un ekmeği
- 16 ons krem peynir yumuşatılmış
- 2 çay kaşığı kıyılmış sarımsak
- ½ bardak ekşi krema
- ½ su bardağı parmesan peyniri
- ½ su bardağı rendelenmiş İtalyan peyniri veya mozzarella peyniri
- 2 çay kaşığı İtalyan baharatı
- 16 ons biberli dilimler
- ¾ bardak ince doğranmış sarı ve turuncu biber
- ½ su bardağı ince doğranmış taze mantar

TALİMATLAR:

a) Bir karıştırma kabında krem peyniri pürüzsüz olana kadar çırpın. Sarımsak, ekşi krema, peynir ve İtalyan baharatlarını bir karıştırma kabında birleştirin. Her şey iyice karışana kadar karıştırın.

b) Karışımı 5 unlu tortillaya eşit şekilde dağıtın. Tortillanın tamamını peynir karışımıyla kaplayın.

c) Peynir karışımının üzerine bir biberli katman yerleştirin.

ç) Pepperonileri iri dilimlenmiş biberler ve mantarlarla kaplayın.

d) Her tortillayı sıkıca yuvarlayın ve plastik ambalajla sarın.

e) En az 2 saat buzdolabında bekletin.

28.Jalapeno bombaları

İÇİNDEKİLER:
- 1 bardak tereyağı, yumuşatılmış
- 3 oz. Krem peynir
- 3 dilim pastırma
- 1 orta boy Jalapeno Biber
- 1/2 çay kaşığı. Kurutulmuş maydanoz
- 1/4 çay kaşığı. Soğan tozu
- 1/4 çay kaşığı. Sarımsak tozu
- Tatmak için biber ve tuz

TALİMATLAR:
a) 3 dilim pastırmayı bir tavada gevrekleşinceye kadar kızartın.
b) Pastırmayı tavadan çıkarın, ancak kalan yağı daha sonra kullanmak üzere saklayın.
c) Pastırma soğuyuncaya ve gevrekleşinceye kadar bekleyin.
ç) Jalapeno biberinin çekirdeklerini çıkarın ve ardından küçük parçalar halinde doğrayın.
d) Krem peynir, tereyağı, jalapeno ve baharatları birleştirin. Tatmak için tuz ve karabiber ekleyin.
e) Pastırma yağını ekleyin ve katı bir karışım oluşana kadar karıştırın.
f) Pastırmayı ufalayın ve bir tabağa koyun. Krem peynir karışımını elinizle toplar halinde yuvarlayın ve ardından topu pastırmanın içine yuvarlayın.

29.Peynirli Pizza Fırıldakları

İÇİNDEKİLER:
HAMUR
- 1 13 oz. pkg. buzdolabında pizza hamuru

KOLAY PİZZA SOSU
- 2 bardak marinara sosu
- 1/2 çay kaşığı soğan tozu, kurutulmuş fesleğen, kurutulmuş maydanoz
- 1/4 çay kaşığı kurutulmuş kekik sarımsak tozu, tuz, karabiber, ezilmiş kırmızı biber

TOPLAMLAR
- 1 su bardağı taze rendelenmiş mozzarella peyniri
- 1/3 su bardağı taze rendelenmiş parmesan peyniri
- 32 biberli
- 1/2 su bardağı ince doğranmış yeşil biber

TALİMATLAR:

a) Fırını önceden 375 derece F'ye ısıtın. Bir fırın tepsisini parşömen kağıdıyla hizalayın. Bir kenara koyun.

b) Uzun bir parşömen kağıdını açın ve hafifçe unlayın.

c) Hamuru unlanmış parşömen üzerinde 12 × 16 inçlik bir dikdörtgen şeklinde yuvarlayın.

ç) Pizza Sosu malzemelerinin hepsini birlikte çırpın. ¾ fincan Pizza Sosunu hamurun üzerine eşit şekilde yayın, üst uzun kenarda 1 inç kenarlık bırakın,

d) Pepperoni'yi kağıt havluyla kaplı bir tabakta 20 saniye mikrodalgada tutun, ardından fazla yağı silin. Mozzarella peyniri, pepperoni, yeşil biber ve Parmesan ile eşit şekilde üst sos.

e) Size en yakın olan uzun taraftan başlayarak, hamuru sıkıca sarın, dışarı çıkan malzemeleri sıkıştırın ve dikişi kapatın.

f) Tırtıklı bir bıçak kullanarak rulonun uçlarını kesin ve ardından ruloyu 12 eşit parçaya bölün.

g) Bu parçaları 3 adet fırıldak halinde dilimleyin.

ğ) Fırıldağı, kesilmiş tarafı yukarı bakacak şekilde hazırlanan fırın tepsisine yerleştirin.

h) 375 derece F'de 25-30 dakika veya hamur altın rengi oluncaya kadar pişirin.

ı) Fırından çıkarın ve fırıldakları tavadan tel rafa çıkarmadan önce 5 dakika soğumaya bırakın.

i) Taze maydanozla süsleyin ve istenirse kalan ısıtılmış pizza sosuyla servis yapın.

30.Hızlı ve İlginç Quesadillas

İÇİNDEKİLER:

- 2 10" ekmeği
- 2 yemek kaşığı pizza sosu
- 1 ons rendelenmiş kaşar peyniri
- 1 ons rendelenmiş mozzarella peyniri
- 8 dilim biber
- Pişirme spreyi

TALİMATLAR:

a) Biberleri orta boy tavada çıtır çıtır olana kadar kızartın. Tavadan çıkarın ve bir kenara koyun. Tavayı kağıt havluyla silin.

b) Bir tortillayı tabağa koyun ve üzerine iki yemek kaşığı pizza sosunu yayın.

c) Sosun üzerine rendelenmiş kaşar ve mozzarella peynirinin yarısını serpin.

ç) Kızaran biberleri peynirin üzerine dizin.

d) Kalan peyniri pepperoninin üzerine serpin ve kalan tortillayla kaplayın.

e) Tavaya pişirme spreyi sıkın ve orta ateşte önceden ısıtın.

f) Quesadilla'yı dikkatlice tavaya yerleştirin ve her iki tarafını da üç ila dört dakika veya peynir eriyene ve tortillalar hafifçe kızarıp çıtır hale gelinceye kadar pişirin.

31. Peynirli Biberli Pizza Sosu

İÇİNDEKİLER:

- Önceden pişirilmiş 12 inçlik pizza kabuğu
- 1 su bardağı kavrulmuş sarımsak ve Parmesan spagetti sosu
- 1-1/2 su bardağı rendelenmiş yarım yağlı mozzarella peyniri
- 4 dilim Münster peyniri, ince şeritler halinde kesilmiş
- 20 dilim biber, doğranmış
- İsteğe göre kurutulmuş kekik

TALİMATLAR:

a) Fırını 350°'ye ayarlayın, ardından yağlanmamış bir fırın tepsisine pizza kabuğunu koyun ve yaklaşık 9 ila 12 dakika kadar ısıtılıncaya kadar pişirin.

b) Aynı zamanda spagetti sosunu küçük bir tencerede orta kısık ateşte ısıtın. Biberleri ve peynirleri ekleyin, ardından sos ısınıp peynirler eriyene kadar pişirin ve karıştırın. İsterseniz kekik serpin.

c) Pizza kabuğunu 1-1 / 2-inç'e kesin. şeritler halinde kesip sosla birlikte sıcak olarak servis yapın.

32.Çiftlik Pizza Fırıldaklar

İÇİNDEKİLER:
- 1 tüp (13,8 ons) soğutulmuş pizza kabuğu
- 1/4 bardak hazırlanmış çiftlik salatası sosu
- 1/2 bardak rendelenmiş Colby-Monterey Jack peyniri
- 1/2 bardak doğranmış pepperoni
- 1/4 su bardağı doğranmış yeşil soğan
- Pizza sosu, ısıtılmış veya ek çiftlik salatası sosu, isteğe bağlı

TALİMATLAR:
a) Pizza hamurunu 12x10 inç boyutunda yuvarlayın. hafifçe unlanmış yüzeyde dikdörtgen. Çiftlik pansumanını 1/4-inç içinde eşit şekilde dağıtın. kenarlardan. Soğanı, biberi ve peyniri serpin. Uzun kenarından başlayarak jöleli rulo gibi sarın.

b) 1 inç'e kadar dilimleyin. dilimler. Yağlanmış fırın tepsisine tarafı aşağı bakacak şekilde yerleştirin. 425°'de hafifçe kızarana kadar 10-13 dakika pişirin. Ekstra çiftlik sosu veya pizza sosu (isteğe bağlı) ile sıcak servis yapın. Artıkları soğutun.

33. Biberli ve Ispanaklı Mantar Dolması

İÇİNDEKİLER:

- 24 adet büyük mantar, temizlenmiş ve sapları çıkarılmış
- 1/2 bardak doğranmış pepperoni
- 1 su bardağı doğranmış taze ıspanak
- 1 su bardağı krem peynir, yumuşatılmış
- 1/2 su bardağı rendelenmiş mozzarella peyniri
- 1/4 su bardağı rendelenmiş parmesan peyniri
- Tatmak için biber ve tuz

TALİMATLAR:

a) Fırını önceden 375°F'ye (190°C) ısıtın.
b) Bir kapta doğranmış pepperoni, doğranmış ıspanak, krem peynir, mozzarella peyniri, parmesan peyniri, tuz ve karabiberi karıştırın.
c) Her mantar kapağını karışımla doldurun.
ç) Doldurulmuş mantarları bir fırın tepsisine yerleştirin.
d) 15-20 dakika veya mantarlar yumuşayana kadar pişirin.
e) Sıcak servis yapın.

34. Pepperoni, Provolon & Pecorino Pide

İÇİNDEKİLER:

- 4 pide
- ½ bardak kavrulmuş, soyulmuş ve dilimlenmiş kırmızı ve/veya sarı biber
- 2 diş sarımsak, doğranmış
- 4 ons biberli, ince dilimlenmiş
- 4 ons provolon peyniri, doğranmış
- 2 yemek kaşığı taze rendelenmiş pecorino peyniri
- 4 ince dilimlenmiş pepperoncini gibi İtalyan veya Yunan biber turşusu
- Pideyi fırçalamak için zeytinyağı

TALİMATLAR:

a) Her pidenin 1 tarafını kesip cepler oluşturacak şekilde açın.

b) Biberleri, sarımsakları, sucukları, provolonları, pecorinoları ve biberleri her pidenin içine katlayın ve kapatmak için bastırın. Dış kısımlarını hafifçe zeytinyağıyla fırçalayın.

c) Ağır, yapışmaz bir tavayı orta-yüksek ateşte ısıtın veya bir sandviç makinesi veya panini presi kullanın. Sandviçleri tavaya yerleştirin.

ç) Isıyı en aza indirin ve sandviçleri kızartırken bastırarak ağırlıklarını azaltın. Sadece peynir eriyene kadar pişirin; Peynirin kızarmasını ve gevrekleşmesini istemezsiniz, sadece tüm dolguları bir arada tutmak için.

d) Hemen servis yapın.

35.Pepperoni ve Peynirli Kabobs

İÇİNDEKİLER:

- Biber dilimleri
- Mozzarella veya çedar peyniri küpleri
- çeri domatesler
- Fesleğen yaprakları (isteğe bağlı)

TALİMATLAR:

a) Bir kürdan veya küçük şişin üzerine bir dilim pepperoni geçirin.
b) Bir küp peynir ve bir kiraz domates ekleyin.
c) Her şiş için işlemi tekrarlayın.
ç) İsteğe bağlı olarak pepperoni ve peynir arasına fesleğen yaprağı ekleyin.
d) Kebapları servis tabağına alın ve afiyetle yiyin.

36.Biberli ve Krem Peynirli Roll-Up'lar

İÇİNDEKİLER:
- Yumuşatılmış krem peynir
- Biber dilimleri
- Turşu mızrakları

TALİMATLAR:
a) Bir dilim pepperoninin üzerine ince bir tabaka krem peynir sürün.
b) Bir ucuna turşu mızrağını yerleştirin ve biberleri etrafına sarın.
c) Gerekirse kürdanla sabitleyin.
ç) Her toplama için işlemi tekrarlayın.
d) Lezzetlerin birleşimini servis edin ve tadını çıkarın.

37.Pepperoni ve Zeytin Lokmaları

İÇİNDEKİLER:
- Yeşil veya siyah zeytin (çekirdekleri çıkarılmış)
- Biber dilimleri
- Krem peynir

TALİMATLAR:
a) Her zeytini az miktarda krem peynirle doldurun.
b) Her zeytinin etrafına bir dilim pepperoni sarın.
c) Bir kürdan ile sabitleyin.
ç) Biberleri ve zeytin parçalarını bir tabağa dizip afiyetle yiyin.

38.Biberli ve Sebzeli Mantar Dolması

İÇİNDEKİLER:

- Büyük mantarlar, temizlenmiş ve sapları çıkarılmış
- Pepperoni dilimleri, ince doğranmış
- Krem peynir
- Kıyılmış yeşil soğan
- Rendelenmiş parmesan peyniri

TALİMATLAR:

a) Fırını önceden 375°F'ye (190°C) ısıtın.
b) Bir kasede krem peyniri, doğranmış pepperoniyi, doğranmış yeşil soğanı ve rendelenmiş Parmesan peynirini karıştırın.
c) Her mantar kapağını krem peynir karışımıyla doldurun.
ç) Doldurulmuş mantarları bir fırın tepsisine yerleştirin ve yaklaşık 15-20 dakika veya mantarlar yumuşayana kadar pişirin.
d) Lezzetli biberli bir atıştırmalık olarak sıcak servis yapın.

PİZZA

39.Carbquik Beyaz Pizza

İÇİNDEKİLER:

- 1 ½ bardak Carbquik
- ⅓ su bardağı sıcak su (120-140 derece)
- 8 ons ricotta peyniri (tam yağlı süt)
- 4 ons dilimlenmiş biberli
- ½ bardak dilimlenmiş mantar
- 6 ons rendelenmiş mozzarella peyniri

TALİMATLAR:

a) Fırınınızı 230°C'ye (450°F) önceden ısıtın ve 12 inçlik pizza tavasını yağlayın.
b) Bir kapta Carbquik karışımını ve çok sıcak suyu yumuşak bir hamur oluşana kadar karıştırın. Hamuru kuruyana ve artık yapışkan olmayana kadar 2-3 dakika yoğurun.
c) Hamuru pizza tavasına bastırın.
ç) Ricotta peynirini hamurun üzerine eşit şekilde yayın.
d) Pizzanın üzerine dilimlenmiş pepperoni, dilimlenmiş mantar ve rendelenmiş mozzarella peyniri ekleyin.
e) Pizzayı sıcak fırının en alt rafında 12 ila 15 dakika veya kabuk altın kahverengi olana ve peynir kabarcıklı hale gelinceye kadar pişirin.
f) Süslemelerinizle yaratıcı olabilirsiniz. Beyaz pizzanızı kişiselleştirmek için et, biber, zeytin, kuşkonmaz veya tütsülenmiş balık eklemeyi düşünün.

40.Bahçe fesleğen biberli pizza

İÇİNDEKİLER:
- Yoğurulmayan Ekmek ve Pizza Hamuru, ½ pound
- Sızma zeytinyağı, bir yemek kaşığı
- Provolon peyniri, bir bardak, rendelenmiş
- Kiraz domates, 2 su bardağı
- Mozzarella peyniri, bir bardak, rendelenmiş
- Konserve ezilmiş domates, ¾ bardak
- Dilimlenmiş pepperoni, 8 adet
- 1 diş sarımsak, doğranmış veya rendelenmiş
- Kaşer tuzu ve taze kırık biber
- Süslemek için taze fesleğen

TALİMATLAR:
a) Hamuru hafifçe un serpilmiş bir yüzeyde açın.
b) Hamuru hazırlanan tepsiye yavaşça taşıyın.
c) Mozarella ve provolonu ezilmiş domateslerle birlikte üstüne koyun.
ç) En üste biberli harcı yayın.
d) Kiraz domatesleri, sarımsağı, zeytinyağını, tuzu ve karabiberi birleştirin.
e) Pizzanın her tarafına eşit şekilde dağıtın.
f) 450°F sıcaklıkta 10 ila 15 dakika pişirin.
g) Üzerine taze fesleğen yapraklarını koyun.
ğ) Dilimleyin ve tadını çıkarın.

41. Derin Dökme Demir Pizza

İÇİNDEKİLER:
- 2 ¼ çay kaşığı aktif kuru maya
- ½ çay kaşığı esmer şeker
- 1 ¼ bardak ılık su (110 derece F (43 derece C))
- 2 fincan çok amaçlı un
- 2 çay kaşığı sarımsak tuzu
- ¼ fincan tereyağı
- 2 fincan çok amaçlı un
- 1 yemek kaşığı üzüm çekirdeği yağı
- 1 porsiyon pişirme spreyi
- ⅓ bardak toplu domuz sosisi
- 1 (3,5 ons) bağlantı toplu İtalyan sosisi
- 2 yemek kaşığı üzüm çekirdeği yağı
- ½ bardak pizza sosu
- ⅓ su bardağı rendelenmiş mozzarella peyniri
- 24 dilim biber
- ⅓ su bardağı rendelenmiş mozzarella peyniri
- 1 yemek kaşığı tereyağı, yumuşatılmış
- ⅛ çay kaşığı İtalyan baharatı
- ⅛ çay kaşığı sarımsak tozu

TALİMATLAR:
a) Stand mikserinin kasesindeki ılık suyun üzerine maya ve esmer şekeri serpin hamur kancası ile donatılmıştır. Maya yumuşayana kadar 5 ila 10 dakika bekletin ve kremsi bir köpük oluşturmaya başlar.

b) Mikseri en düşük ayara getirin ve her seferinde 1/2 bardak olmak üzere 2 bardak unu yavaş yavaş ekleyin. Sarımsak tuzu ve 1/4 bardak tereyağı ekleyin. Kalan 2 su bardağı unu ekleyin ve hamur pürüzsüz ve elastik hale gelinceye kadar 5 ila 7 dakika yoğurun.

c) Büyük bir cam kaseyi 1 yemek kaşığı üzüm çekirdeği yağıyla kaplayın. Hamuru top haline getirin ve kaseye yerleştirin, her tarafını yağla kaplayacak şekilde çevirin. Bir parça plastik ambalajı pişirme spreyi ile püskürtün ve kaseyi gevşek bir şekilde kapatın. Kaseyi bir havluyla örtün ve ılık bir alanda hamur iki katına çıkana kadar yaklaşık 45 dakika mayalanmaya bırakın. Hamuru yumruklayın ve 20 dakika dinlenmeye bırakın.

ç) Hamur dinlenirken tavayı orta ateşte ısıtın; Toplu sosisleri kızarana ve ufalanana kadar yaklaşık 5 dakika pişirin ve karıştırın. Pişmiş sosisleri oluklu bir kaşıkla bir kaseye aktarın ve damlamaları tavada bırakın. İtalyan sosis bağlantısını, kızarana ve ortası artık pembe olmayana kadar yaklaşık 10 dakika kadar damlalar halinde kızartın. Sosis dilimleyin.

d) Fırını 400 derece F'ye (200 derece C) önceden ısıtın. 12 inçlik dökme demir tavayı 2 yemek kaşığı üzüm çekirdeği yağıyla yağlayın.

e) Hazırlanan tavanın kenarlarına hamuru bastırın. Hamura delikler açın hava kabarcıklarını önlemek için çatalla. Kabuğun tabanına pizza sosunu yayın. Sosun üzerine 1/3 bardak mozzarella peyniri serpin; Sosislerin yarısını, dilimlenmiş sosislerin yarısını ve biberlilerin yarısını peynirin üzerine katlayın. Et katmanlarını tekrarlayın. Kalan 1/3 bardak mozzarella peynirini üstüne ekleyin.

f) Önceden ısıtılmış fırında alt rafta, kabuk altın rengi kahverengi olana kadar yaklaşık 25 dakika pişirin. Kabuğu 1 yemek kaşığı tereyağıyla fırçalayın; İtalyan baharatı ve sarımsak tozuyla tatlandırın. Pizzayı tavadan çıkarın ve dilimlemeden önce 3 ila 5 dakika dinlendirin.

42.Sahte biberli ramen pizza

İÇİNDEKİLER:
- 1 (3 oz.) paket ramen eriştesi, herhangi bir tat
- 1 yemek kaşığı zeytinyağı
- 1 (14 oz.) kavanoz spagetti sosu
- 1 C. az yağlı mozzarella peyniri, rendelenmiş
- 3 oz. hindi biberli
- 1/2 çay kaşığı kurutulmuş kekik

TALİMATLAR:
a) Herhangi bir şey yapmadan önce fırın ızgarasını önceden ısıtın.
b) Erişteleri baharat paketi olmadan paketin üzerindeki talimatlara göre hazırlayın. Boşaltın.
c) Fırına dayanıklı büyük bir tavayı orta ateşte yerleştirin. İçindeki yağı ısıtın. Erişteleri soteleyin ve kabuğunu oluşturmak için 2 dakika dibine kadar bastırın .
ç) Sosu eriştelerin üzerine dökün ve üzerine 2 oz ekleyin. biber dilimleri. Üzerine peyniri serpin, ardından kalan biberli ve kekik serpin.
d) Tavayı fırına aktarın ve 2 ila 3 dakika veya peynir eriyene kadar pişirin.
e) Pizzanızın 6 dakika boyunca ısısını kaybetmesine izin verin. servis et.
f) Eğlence.

43.Biberli ve Sebzeli Pizza

İÇİNDEKİLER:

- Pizza hamuru
- 1/2 bardak pizza sosu
- 1 1/2 su bardağı rendelenmiş mozzarella peyniri
- 1/2 bardak dilimlenmiş pepperoni
- 1/2 su bardağı dilimlenmiş dolmalık biber (çeşitli renklerde)
- 1/2 su bardağı dilimlenmiş siyah zeytin

TALİMATLAR:

a) Fırını önceden ısıtın ve pizza hamurunu açın.
b) Pizza sosunu hamurun üzerine yayın.
c) Üzerine mozzarella peynirini eşit şekilde serpin.
ç) Peynirin üzerine dilimlenmiş sucukları, dolmalık biberleri ve siyah zeytinleri dizin.
d) Kabuk altın rengi oluncaya ve üst malzemeler pişene kadar pizza hamuru talimatlarına göre pişirin.

44.Biberli ve Pastırmalı Barbekü Pizza

İÇİNDEKİLER:

- Pizza hamuru
- 1/2 su bardağı barbekü sosu
- 1 1/2 su bardağı rendelenmiş mozzarella peyniri
- 1/2 bardak dilimlenmiş pepperoni
- 1/2 su bardağı pişmiş ve ufalanmış pastırma
- Kırmızı soğan dilimleri (isteğe bağlı)

TALİMATLAR:

a) Fırını önceden ısıtın ve pizza hamurunu açın.
b) Barbekü sosunu hamurun üzerine yayın.
c) Üzerine mozzarella peynirini eşit şekilde serpin.
ç) Dilimlenmiş pepperoni ve ufalanmış pastırmayı peynirin üzerine yerleştirin.
d) İstenirse kırmızı soğan dilimleri ekleyin.
e) Kabuk altın rengi oluncaya ve üst malzemeler kabarcıklı hale gelinceye kadar pizza hamuru talimatlarına göre pişirin.

45.Biberli ve Pestolu Pizza

İÇİNDEKİLER:

- Pizza hamuru
- 1/2 bardak pesto sosu
- 1 1/2 su bardağı rendelenmiş mozzarella peyniri
- 1/2 bardak dilimlenmiş pepperoni
- Kiraz domates, yarıya
- Üzeri için taze roka

TALİMATLAR:

a) Fırını önceden ısıtın ve pizza hamurunu açın.
b) Pesto sosunu hamurun üzerine yayın.
c) Üzerine mozzarella peynirini eşit şekilde serpin.
ç) Dilimlenmiş pepperoni ve kiraz domates yarımlarını peynirin üzerine yerleştirin.
d) Kabuk altın rengi oluncaya ve üst malzemeler pişene kadar pizza hamuru talimatlarına göre pişirin.
e) Servis yapmadan önce üzerine taze roka ekleyin.

46.Biberli ve Mantarlı Alfredo Pizza

İÇİNDEKİLER:

- Pizza hamuru
- 1/2 bardak Alfredo sosu
- 1 1/2 su bardağı rendelenmiş mozzarella peyniri
- 1/2 bardak dilimlenmiş pepperoni
- 1 su bardağı dilimlenmiş mantar
- Garnitür için taze maydanoz

TALİMATLAR:

a) Fırını önceden ısıtın ve pizza hamurunu açın.
b) Alfredo sosunu hamurun üzerine yayın.
c) Üzerine mozzarella peynirini eşit şekilde serpin.
ç) Dilimlenmiş pepperonileri ve mantarları peynirin üzerine dizin.
d) Kabuk altın rengi oluncaya ve üst malzemeler pişene kadar pizza hamuru talimatlarına göre pişirin.
e) Servis yapmadan önce taze maydanozla süsleyin.

47. Pepperoni ve Ispanaklı Enginar Pizza

İÇİNDEKİLER:
- Pizza hamuru
- Ispanaklı Enginarlı Dip Sos
- 1 1/2 su bardağı rendelenmiş mozzarella peyniri
- 1/2 bardak dilimlenmiş pepperoni
- Taze ıspanak yaprakları
- Üzeri için rendelenmiş parmesan peyniri

TALİMATLAR:
a) Fırını önceden ısıtın ve pizza hamurunu açın.
b) Ispanaklı enginar sosunu hamurun üzerine yayın.
c) Üzerine mozzarella peynirini eşit şekilde serpin.
ç) Dilimlenmiş pepperonileri ve taze ıspanak yapraklarını peynirin üzerine dizin.
d) Kabuk altın rengi oluncaya ve üst malzemeler kabarcıklı hale gelinceye kadar pizza hamuru talimatlarına göre pişirin.
e) Servis yapmadan önce üzerine rendelenmiş Parmesan peyniri serpin.

48.Biberli ve Tavuklu Alfredo Gözleme Pizza

İÇİNDEKİLER:

- Gözleme veya naan
- 1/2 bardak Alfredo sosu
- 1 su bardağı pişmiş ve doğranmış tavuk
- 1/2 bardak doğranmış pepperoni
- 1 su bardağı rendelenmiş mozarella peyniri
- Garnitür için taze fesleğen yaprakları

TALİMATLAR:

a) Fırını 200°C'ye (400°F) önceden ısıtın.
b) Gözlemeyi bir fırın tepsisine yerleştirin.
c) Alfredo sosunu gözleme üzerine sürün.
ç) Kıyılmış tavukları ve doğranmış biberleri sosun üzerine eşit şekilde dağıtın.
d) Üzerine mozarella peyniri serpin.
e) 12-15 dakika veya peynir eriyip altın rengi oluncaya kadar pişirin.
f) Servis yapmadan önce taze fesleğen yapraklarıyla süsleyin.

49.Mikrodalga Kupa Pizza

İÇİNDEKİLER:

- 4 yemek kaşığı çok amaçlı un
- ⅛ çay kaşığı kabartma tozu
- 1/16 çay kaşığı karbonat
- ⅛ çay kaşığı tuz
- 3 yemek kaşığı süt
- 1 yemek kaşığı zeytinyağı
- 1 yemek kaşığı marinara sosu
- 1 cömert yemek kaşığı rendelenmiş mozzarella peyniri
- 5 adet mini biber
- ½ çay kaşığı kurutulmuş İtalyan otları

TALİMATLAR:

a) Unu, kabartma tozunu, kabartma tozunu ve tuzu mikrodalgaya uygun bir kapta karıştırın.
b) Sütü ve yağı ekleyip karıştırdıktan sonra karıştıralım.
c) Marinara sosunu kaşıkla dökün ve hamurun yüzeyine yayın.
ç) Üzerine peynir, pepperoni ve kuru otları serpin
d) Mikrodalgada 1 dakika 20 saniye veya yükselene ve soslar köpürene kadar.

50.Biberli ve Buffalo Tavuklu Pizza

İÇİNDEKİLER:

- Pizza hamuru
- 1/2 bardak bufalo sosu
- 1 1/2 su bardağı rendelenmiş mozzarella peyniri
- 1/2 bardak dilimlenmiş pepperoni
- 1/2 su bardağı pişmiş ve kıyılmış tavuk buffalo sosuna atılmış
- Üstüne koymak için mavi peynir ufalanır

TALİMATLAR:

a) Fırını önceden ısıtın ve pizza hamurunu açın.
b) Manda sosunu hamurun üzerine yayın.
c) Üzerine mozzarella peynirini eşit şekilde serpin.
ç) Peynirin üzerine dilimlenmiş pepperoni ve buffalo tavuklarını dizin.
d) Kabuk altın rengi oluncaya ve üst malzemeler pişene kadar pizza hamuru talimatlarına göre pişirin.
e) Servis yapmadan önce üstüne mavi peynir ufalanır.

51.Pizza Mac Peyniri

İÇİNDEKİLER:

- 1 paket (7-1/4 ons) makarna ve peynirli akşam yemeği karışımı
- 6 bardak su
- 1 kiloluk kıyma
- 1 orta boy soğan, doğranmış
- 1 küçük yeşil biber, doğranmış
- 1-1/2 su bardağı rendelenmiş yarım yağlı mozzarella peyniri, bölünmüş
- 1-1/2 su bardağı rendelenmiş kaşar peyniri, bölünmüş
- 1 kavanoz (14 ons) pizza sosu
- 1/2 bardak dilimlenmiş pepperoni

TALİMATLAR:

a) Akşam yemeği karışımındaki peynir paketini bir kenara koyun. Bir tencerede suyu kaynatın. Makarnayı ekleyin; yumuşayana kadar 8-10 dakika pişirin.

b) Bu arada yeşil biberi, soğanı ve dana etini büyük bir tavada orta ateşte pembeleşmeyene kadar pişirin; boşaltmak.

c) Makarnayı boşaltın; ve peynir paketinin içeriğini karıştırın. 2-1/2-qt turuna transfer. yağla kaplı pişirme kabı. 1/2 su bardağı kaşar peyniri ve 1/2 su bardağı mozzarella peyniri serpin. Üzerine pepperoni, pizza sosu, dana eti karışımı ve kalan peynirleri koyun.

ç) İyice ısıtılıncaya kadar 350 ° C'de 30-35 dakika kapaksız pişirin.

52.Pepperoni ve Akdeniz Pizza

İÇİNDEKİLER:
- Pizza hamuru
- 1/2 bardak humus
- 1 1/2 su bardağı rendelenmiş mozzarella peyniri
- 1/2 bardak dilimlenmiş pepperoni
- Kiraz domates, yarıya
- Kalamata zeytinleri, dilimlenmiş
- Üzeri için beyaz peynir ufalanır

TALİMATLAR:
a) Fırını önceden ısıtın ve pizza hamurunu açın.
b) Humus'u hamurun üzerine yayın.
c) Üzerine mozzarella peynirini eşit şekilde serpin.
ç) Dilimlenmiş pepperonileri, kiraz domatesleri ve Kalamata zeytinlerini peynirin üzerine dizin.
d) Kabuk altın rengi oluncaya ve üst malzemeler pişene kadar pizza hamuru talimatlarına göre pişirin.
e) Servis yapmadan önce üzerine beyaz peynir ufalanır.

MAKARNA

53.Biberli ve Sosisli Makarna Fırında

İÇİNDEKİLER:

- 8 ons penne makarna
- 1/2 bardak doğranmış pepperoni
- 1/2 bardak pişmiş ve ufalanmış İtalyan sosisi
- 1 kutu (14 ons) ezilmiş domates
- 1 su bardağı rendelenmiş mozarella peyniri
- 1/4 su bardağı rendelenmiş parmesan peyniri
- 1 çay kaşığı kurutulmuş kekik
- 1/2 çay kaşığı sarımsak tozu
- Tatmak için biber ve tuz

TALİMATLAR:

a) Penne makarnayı paketin üzerindeki talimatlara göre pişirin; boşaltmak.
b) Fırını önceden 375°F'ye (190°C) ısıtın.
c) Büyük bir kapta pişmiş makarnayı, doğranmış pepperoniyi, ufalanmış sosisi, ezilmiş domatesi, kekik, sarımsak tozunu, tuzu ve karabiberi karıştırın.
ç) Karışımı bir fırın tepsisine aktarın ve üzerine mozzarella ve Parmesan peynirleri serpin.
d) 20-25 dakika veya peynir eriyip kabarcıklanıncaya kadar pişirin.
e) Servis yapmadan önce hafifçe soğumaya bırakın.

54.Biberli Lazanya

İÇİNDEKİLER:

- ¾ lb. kıyma
- ¼ çay kaşığı öğütülmüş karabiber
- ½ lb. salam, doğranmış
- 9 lazanya eriştesi
- ½ lb. pepperoni sosisi, doğranmış
- 4 su bardağı rendelenmiş mozzarella peyniri
- 1 soğan, kıyılmış
- 2 Su bardağı süzme peynir
- 2 (14,5 ons) kutu haşlanmış domates
- 9 dilim beyaz Amerikan peyniri
- 16 ons domates sosu
- Rendelenmiş parmesan peyniri
- 6 ons domates salçası
- 1 çay kaşığı sarımsak tozu
- 1 çay kaşığı kurutulmuş kekik
- ½ çay kaşığı tuz

TALİMATLAR:

a) Biberinizi, dana etinizi, soğanınızı ve salamınızı 10 dakika kadar kızartın. Yağ fazlalığını giderin. Her şeyi biraz biber, domates sosu ve salça, tuz, haşlanmış domates, kekik ve sarımsak tozu ile 2 saat boyunca yavaş pişiricinize düşük ateşte koyun.

b) Devam etmeden önce fırınınızı 350 dereceye açın.

c) Lazanyanızı tuzlu suda 10 dakika al dente olana kadar haşlayın, ardından suyunu çıkarın.

ç) Pişirme kabınıza hafif bir sos sürün ve katlayın: ⅓ erişte, 1 ¼ bardak mozzarella, ⅔ bardak süzme peynir, Amerikan peyniri dilimleri, 4 çay kaşığı parmesan, ⅓ et. Çanak dolana kadar devam edin.

d) 30 Dakika pişirin.

55. Pepperoni ve Brokoli Alfredo Doldurulmuş Kabuklar

İÇİNDEKİLER:

- 1 kutu jumbo makarna kabuğu, paketin üzerindeki talimatlara göre pişirilmiş
- 1/2 bardak doğranmış pepperoni
- 2 su bardağı pişmiş ve doğranmış brokoli
- 2 bardak Alfredo sosu
- 1 su bardağı rendelenmiş mozarella peyniri
- 1/4 su bardağı rendelenmiş parmesan peyniri
- Garnitür için taze maydanoz

TALİMATLAR:

a) Fırını önceden 375°F'ye (190°C) ısıtın.
b) Bir kasede doğranmış biberleri, doğranmış brokoliyi ve 1 bardak Alfredo sosunu karıştırın.
c) Her pişmiş makarna kabuğunu karışımla doldurun.
ç) Doldurulmuş kabukları bir fırın tepsisine yerleştirin ve kalan Alfredo sosuyla kaplayın.
d) Mozzarella ve Parmesan peynirlerini serpin.
e) 25-30 dakika veya kabuklar ısınıp peynir eriyene kadar pişirin.
f) Servis yapmadan önce taze maydanozla süsleyin.

56.Pepperoni ve Ricotta Doldurulmuş Kabuklar

İÇİNDEKİLER:

- 1 kutu jumbo makarna kabuğu, paketin üzerindeki talimatlara göre pişirilmiş
- 1/2 bardak doğranmış pepperoni
- 1 su bardağı ricotta peyniri
- 1 su bardağı rendelenmiş mozarella peyniri
- 1 yumurta
- 2 bardak marinara sosu
- Garnitür için taze maydanoz

TALİMATLAR:

a) Fırını önceden 375°F'ye (190°C) ısıtın.
b) Bir kasede doğranmış pepperoni, ricotta peyniri, mozzarella peyniri ve yumurtayı karıştırın.
c) Her pişmiş makarna kabuğunu karışımla doldurun.
ç) Doldurulmuş kabukları bir fırın tepsisine yerleştirin ve marinara sosuyla kaplayın.
d) 25-30 dakika veya kabuklar iyice ısınana kadar pişirin.
e) Servis yapmadan önce taze maydanozla süsleyin.

57.Peynirli Pepperoni Fırında Rigatoni

İÇİNDEKİLER:
- 16 ons rigatoni makarnası
- 1 yemek kaşığı zeytinyağı
- 1 küçük soğan, ince doğranmış
- 2 diş sarımsak, kıyılmış
- 24 ons marinara sosu
- ½ çay kaşığı kurutulmuş kekik
- ½ çay kaşığı kurutulmuş fesleğen
- Tatmak için biber ve tuz
- 2 su bardağı rendelenmiş mozarella peyniri
- 1 su bardağı rendelenmiş parmesan peyniri
- 40 dilim biber
- Süslemek için doğranmış taze maydanoz

TALİMATLAR:
a) Rigatoni makarnasını paketin üzerindeki talimatlara göre al dente'ye kadar pişirin.
b) Drenaj yapın ve bir kenara koyun.
SOSUN HAZIRLANIŞI:
c) Büyük bir tavada zeytinyağını orta ateşte ısıtın.
ç) Doğranmış soğanı ve sarımsağı ekleyip şeffaflaşana kadar kavurun.
d) Marinara sosunu, kurutulmuş kekik, kurutulmuş fesleğen, tuz ve karabiberi karıştırın.
e) Birkaç dakika kaynattıktan sonra ocaktan alın.
MONTAJ VE PİŞİRME:
f) Fırınınızı önceden 375°F (190°C) ısıtın.
g) Büyük bir karıştırma kabında pişmiş rigatoni makarnasını, rendelenmiş mozzarella peyniri ve Parmesan peynirinin yarısını birleştirin.
ğ) Hazırladığınız domates sosunu ekleyin ve makarna iyice kaplanıncaya kadar karıştırın.
h) Yağlanmış 9x13 inçlik bir pişirme kabında, az miktarda makarna karışımını tabana yayın.
ı) Üzerine bir kat pepperoni dilimleri yerleştirin.
i) Başka bir makarna karışımı katmanı ve ardından bir kat biberli ile devam edin.

j) Tüm malzemeler kullanılıncaya kadar katmanları tekrarlayın ve üstüne bir biberli katmanla bitirin.

k) Kalan rendelenmiş mozzarella ve Parmesan peynirini biberli üst tabakanın üzerine serpin.

l) Fırın tepsisini folyo ile örtün ve yaklaşık 20 dakika pişirin.

m) Folyoyu çıkarın ve 10 dakika daha veya peynir eriyip kabarcıklanıncaya kadar pişirin.

n) İsterseniz yemeği bir veya iki dakika kızartarak peynirin altın sarısı ve çıtır olmasını sağlayabilirsiniz.

o) Bittiğinde fırından çıkarın, taze maydanozla süsleyin ve ayrı tabaklarda sıcak olarak servis yapın.

58.Biberli ve Domatesli Penne Makarna

İÇİNDEKİLER:

- 8 oz penne makarna
- 1/2 bardak doğranmış pepperoni
- 1/2 bardak kiraz domates, yarıya bölünmüş
- 2 diş sarımsak, kıyılmış
- 1/4 çay kaşığı kırmızı biber gevreği (isteğe bağlı)
- 1/4 su bardağı rendelenmiş parmesan peyniri
- Garnitür için taze fesleğen yaprakları
- Zeytin yağı
- Tatmak için tuz ve karabiber

TALİMATLAR:

a) Penne makarnayı paketin üzerindeki talimatlara göre pişirin. Drenaj yapın ve bir kenara koyun.
b) Bir tavada zeytinyağını orta ateşte ısıtın. Kıyılmış sarımsak ve doğranmış biberleri ekleyin. Biberler hafif çıtır olana kadar soteleyin.
c) Kiraz domatesleri ekleyip yumuşayana kadar pişirin.
ç) Pişmiş penne makarnayı, pul biberi (kullanıyorsanız) ve rendelenmiş Parmesan peynirini ekleyin. İyice birleşene kadar karıştırın.
d) Tatlandırmak için tuz ve karabiber ekleyin.
e) Servis yapmadan önce taze fesleğen yapraklarıyla süsleyin.

59.Pepperoni ve Brokoli Alfredo Linguine

İÇİNDEKİLER:

- 8 oz. linguine makarna
- 1/2 bardak doğranmış pepperoni
- 1 su bardağı brokoli çiçeği
- 1 bardak Alfredo sosu
- 1/4 su bardağı rendelenmiş Pecorino Romano peyniri
- Tatmak için tuz ve karabiber
- Garnitür için taze maydanoz

TALİMATLAR:

a) Linguine makarnayı paketin üzerindeki talimatlara göre pişirin. Pişirmenin son 3 dakikasında kaynayan suya brokoliyi ekleyin. Drenaj yapın ve bir kenara koyun.

b) Alfredo sosunu bir tavada orta ateşte ısıtın. Doğranmış biberleri ekleyin ve iyice ısınana kadar birkaç dakika pişirin.

c) Pişmiş linguine ve brokoliyi atın. Alfredo sosuyla iyice kaplanana kadar karıştırın.

ç) Rendelenmiş Pecorino Romano peynirini makarnanın üzerine serpip karıştırın.

d) Tatlandırmak için tuz ve karabiber ekleyin.

e) Servis yapmadan önce taze maydanozla süsleyin.

60.Marinara ile Biberli ve Ispanaklı Rigatoni

İÇİNDEKİLER:

- 8 ons rigatoni makarnası
- 1/2 bardak doğranmış pepperoni
- 2 su bardağı bebek ıspanak
- 2 bardak marinara sosu
- 1/4 su bardağı rendelenmiş parmesan peyniri
- Ezilmiş kırmızı biber gevreği (isteğe bağlı)
- Zeytin yağı
- Tatmak için tuz ve karabiber

TALİMATLAR:

a) Rigatoni makarnasını paketin üzerindeki talimatlara göre pişirin. Drenaj yapın ve bir kenara koyun.
b) Bir tavada zeytinyağını orta ateşte ısıtın. Doğranmış biberleri ekleyin ve hafif çıtır olana kadar soteleyin.
c) Bebek ıspanakları tavaya ekleyin ve solana kadar pişirin.
ç) Marinara sosunu dökün ve kaynamaya bırakın.
d) Pişmiş rigatoniyi ekleyin ve sosla iyice kaplanana kadar karıştırın.
e) Tatlandırmak için tuz ve karabiber ekleyin. İstenirse biraz ısınmak için ezilmiş kırmızı pul biber ekleyin.
f) Servis yapmadan önce makarnanın üzerine rendelenmiş Parmesan peyniri serpin.

61.Pepperoni ve Mantarlı Spagetti Aglio e Olio

İÇİNDEKİLER:

- 8 oz. spagetti
- 1/2 bardak doğranmış pepperoni
- 1 su bardağı dilimlenmiş mantar
- 4 diş sarımsak, ince dilimlenmiş
- 1/4 çay kaşığı kırmızı biber gevreği (isteğe bağlı)
- 1/4 bardak doğranmış taze maydanoz
- Zeytin yağı
- Tatmak için tuz ve karabiber

TALİMATLAR:

a) Spagettiyi paketin üzerindeki talimatlara göre pişirin. Drenaj yapın ve bir kenara koyun.

b) Büyük bir tavada zeytinyağını orta ateşte ısıtın. Dilimlenmiş sarımsak ekleyin ve altın rengi olana kadar pişirin.

c) Tavaya doğranmış biberleri ve dilimlenmiş mantarları ekleyin. Mantarlar yumuşayıncaya kadar soteleyin.

ç) Pişmiş spagettiyi, kırmızı pul biberi (kullanılıyorsa) ve doğranmış taze maydanozu ekleyin. Sarımsakla doldurulmuş yağ ile iyice kaplanana kadar karıştırın.

d) Tatlandırmak için tuz ve karabiber ekleyin.

e) Sıcak servis yapın.

62. Pepperoni ve Güneşte Kurutulmuş Domates Pesto Cavatappi

İÇİNDEKİLER:

- 8 ons cavatappi makarna
- 1/2 bardak doğranmış pepperoni
- 1/3 bardak güneşte kurutulmuş domates pesto
- 1/2 bardak kiraz domates, yarıya bölünmüş
- 1/4 su bardağı dilimlenmiş siyah zeytin
- 1/4 su bardağı ufalanmış beyaz peynir
- Garnitür için taze fesleğen yaprakları
- Zeytin yağı
- Tatmak için tuz ve karabiber

TALİMATLAR:

a) Cavatappi makarnasını paketin üzerindeki talimatlara göre pişirin. Drenaj yapın ve bir kenara koyun.
b) Bir tavada zeytinyağını orta ateşte ısıtın. Doğranmış biberleri ekleyin ve hafif çıtır olana kadar soteleyin.
c) Güneşte kurutulmuş domates pestosunu tavaya ekleyin ve birleştirmek için karıştırın.
ç) Pişmiş cavatappi, kiraz domates, dilimlenmiş siyah zeytin ve ufalanmış beyaz peyniri ekleyin. Pesto ile iyice kaplanana kadar karıştırın.
d) Tatlandırmak için tuz ve karabiber ekleyin.
e) Servis yapmadan önce taze fesleğen yapraklarıyla süsleyin.

63.Pepperoni ve Kabak Erişte Tavada Kızartma

İÇİNDEKİLER:

- 8 ons kabak eriştesi
- 1/2 bardak doğranmış pepperoni
- 1 su bardağı brokoli çiçeği
- 1/2 su bardağı dilimlenmiş dolmalık biber (çeşitli renklerde)
- 2 yemek kaşığı soya sosu
- 1 yemek kaşığı istiridye sosu
- 1 yemek kaşığı susam yağı
- 1 çay kaşığı kıyılmış zencefil
- Garnitür için susam tohumları
- Süslemek için dilimlenmiş yeşil soğan

TALİMATLAR:

a) Wok veya büyük bir tavada susam yağını orta-yüksek ateşte ısıtın. Doğranmış biberleri ekleyin ve hafif çıtır olana kadar karıştırarak kızartın.

b) Wok'a brokoli çiçeklerini ve dilimlenmiş biberleri ekleyin. Sebzeler yumuşayıncaya kadar 3-4 dakika karıştırarak pişirin.

c) Kabak eriştesini ve kıyılmış zencefili ekleyin. 2-3 dakika daha karıştırarak kavurun.

ç) Küçük bir kapta soya sosu ve istiridye sosunu karıştırın. Sosu erişte ve sebzelerin üzerine dökün, karıştırarak birleştirin.

d) Servis etmeden önce susam ve dilimlenmiş yeşil soğanla süsleyin.

64.Biberli ve Közlenmiş Kırmızı Biberli Fettuccine

İÇİNDEKİLER:

- 8 ons fettuccine makarna
- 1/2 bardak doğranmış pepperoni
- 1/2 bardak kavrulmuş kırmızı biber, dilimlenmiş
- 1 bardak Alfredo sosu
- 1/4 su bardağı rendelenmiş parmesan peyniri
- Garnitür için taze maydanoz
- Zeytin yağı
- Tatmak için tuz ve karabiber

TALİMATLAR:

a) Fettuccine makarnayı paketin üzerindeki talimatlara göre pişirin. Drenaj yapın ve bir kenara koyun.

b) Bir tavada zeytinyağını orta ateşte ısıtın. Doğranmış biberleri ekleyin ve hafif çıtır olana kadar soteleyin.

c) Közlenmiş kırmızı biberleri tavaya ekleyin ve 2 dakika daha pişirin.

ç) Alfredo sosunu dökün ve kaynamaya bırakın.

d) Pişmiş fettucini ve rendelenmiş Parmesan peynirini ekleyin. Alfredo sosuyla iyice kaplanana kadar karıştırın.

e) Tatlandırmak için tuz ve karabiber ekleyin.

f) Servis yapmadan önce taze maydanozla süsleyin.

65.Pepperoni ve Kuşkonmaz Limonlu Spagetti

İÇİNDEKİLER:
- 8 oz. spagetti
- 1/2 bardak doğranmış pepperoni
- 1 demet kuşkonmaz, ayıklanmış ve küçük parçalar halinde kesilmiş
- 1 limonun kabuğu rendesi ve suyu
- 2 yemek kaşığı zeytinyağı
- 1/4 su bardağı rendelenmiş Pecorino Romano peyniri
- Süslemek için taze kekik yaprakları
- Tatmak için tuz ve karabiber

TALİMATLAR:
a) Spagettiyi paketin üzerindeki talimatlara göre pişirin. Drenaj yapın ve bir kenara koyun.
b) Büyük bir tavada zeytinyağını orta ateşte ısıtın. Doğranmış biberleri ekleyin ve hafif çıtır olana kadar soteleyin.
c) Kuşkonmaz parçalarını tavaya ekleyin ve yumuşayıncaya kadar pişirin.
ç) Pişmiş spagetti, limon kabuğu rendesi ve limon suyunu ekleyin. İyice birleşene kadar karıştırın.
d) Rendelenmiş Pecorino Romano peynirini makarnanın üzerine serpip karıştırın.
e) Tatlandırmak için tuz ve karabiber ekleyin.

ANA DİL

66. Pepperoni ve Güneşte Kurutulmuş Domates Pesto Gözleme

İÇİNDEKİLER:
- Gözleme veya pizza kabuğu
- 1/2 su bardağı güneşte kurutulmuş domates pesto
- 1 bardak dilimlenmiş pepperoni
- 1/2 su bardağı dilimlenmiş siyah zeytin
- 1 1/2 su bardağı rendelenmiş mozzarella peyniri
- Garnitür için taze fesleğen yaprakları

TALİMATLAR:
a) Fırını gözleme veya pizza kabuğu talimatlarına göre önceden ısıtın.
b) Güneşte kurutulmuş domates pestosunu gözlemenin üzerine yayın.
c) Üzerine dilimlenmiş sucukları ve siyah zeytinleri eşit şekilde dağıtın.
ç) Mozzarella peynirini üst kısımların üzerine serpin.
d) Peynir eriyip kabarcıklar çıkana kadar gözleme veya pizza kabuğu talimatlarına göre pişirin.
e) Servis yapmadan önce taze fesleğen yapraklarıyla süsleyin.

67.Carbquik Pizza Güveç

İÇİNDEKİLER:
GÜVEÇ İÇİN:
- 2 bardak Carbquik
- ½ çay kaşığı İtalyan baharatı (veya kurutulmuş fesleğen ve kekik)
- ¼ çay kaşığı sarımsak tozu
- ¼ çay kaşığı soğan tozu
- ¼ çay kaşığı tuz
- ¼ çay kaşığı karabiber
- 2 büyük yumurta
- ½ bardak şekersiz badem sütü veya hindistan cevizi sütü
- ¼ bardak zeytinyağı
- ½ su bardağı rendelenmiş parmesan peyniri

TOPLAMALAR İÇİN:
- 1 su bardağı şekersiz pizza sosu veya marinara sosu
- 2 su bardağı rendelenmiş mozarella peyniri
- ½ bardak dilimlenmiş pepperoni

TALİMATLAR:

a) Fırınınızı önceden 375°F (190°C) ısıtın. 9x13 inçlik bir pişirme kabını yemeklik yağ veya tereyağıyla yağlayın.

b) Bir karıştırma kabında Carbquik, İtalyan baharatı, sarımsak tozu, soğan tozu, tuz ve karabiberi birlikte çırpın.

c) Ayrı bir kapta yumurtaları, badem sütünü veya hindistancevizi sütünü ve zeytinyağını iyice birleşene kadar çırpın.

ç) Islak yumurta karışımını kuru Carbquik karışımına dökün ve kalın bir hamur oluşana kadar karıştırın.

d) Kabuk katmanını oluşturmak için hamuru yağlanmış pişirme kabının tabanına eşit şekilde bastırın.

e) Rendelenmiş Parmesan peynirini hamurun üzerine eşit şekilde serpin.

f) Şekersiz pizza sosunu veya marinara sosunu Parmesan peynirinin üzerine sürün.

g) Rendelenmiş mozzarella peynirini sosun üzerine eşit şekilde serpin.

ğ) Peynirin üzerine biberleri eşit şekilde ekleyin.

h) Önceden ısıtılmış fırında yaklaşık 20-25 dakika veya kabuk altın rengi oluncaya ve peynir kabarcıklanıp hafifçe kızarıncaya kadar pişirin.

ı) İşlem tamamlandıktan sonra güveci fırından çıkarın ve dilimleyip servis etmeden önce biraz soğumasını bekleyin.

i) Geleneksel pizzaya düşük karbonhidratlı bir alternatif olarak Carbquik pizza güvecinin tadını çıkarın.

68.Biberli Tavuk

İÇİNDEKİLER:
- 4 orta boy tavuk göğsü; derisiz ve kemiksiz
- 14 oz. salça
- 1 yemek kaşığı. zeytin yağı
- 1 çay kaşığı. kekik; kurutulmuş
- 6 oz. mozarella; dilimlenmiş
- 1 çay kaşığı. sarımsak tozu
- 2 oz. pepperoni; dilimlenmiş
- Tadına göre tuz ve karabiber

TALİMATLAR:
a) Bir kasede tavukları tuz, karabiber, sarımsak tozu ve kekikle karıştırıp karıştırın.

b) Tavuğu fritözünüze koyun, 350 °F'ta 6 dakika pişirin ve fritözünüze uygun bir tavaya aktarın.

c) Üzerine mozzarella dilimleri ekleyin, domates salçasını sürün, üzerine pepperoni dilimlerini ekleyin, fritözünüze koyun ve 350 °F'de 15 dakika daha pişirin. Tabaklara paylaştırıp servis yapın.

69. Pepperoni ve Mantarlı Calzone

İÇİNDEKİLER:

- Pizza hamuru
- 1/2 bardak pizza sosu
- 1 su bardağı dilimlenmiş mantar
- 1/2 bardak doğranmış pepperoni
- 1 1/2 su bardağı rendelenmiş mozzarella peyniri
- 1 yemek kaşığı zeytinyağı
- Garnitür için kurutulmuş kekik

TALİMATLAR:

a) Fırını önceden 425°F'ye (220°C) ısıtın.
b) Unlu bir yüzeyde pizza hamurunu açın.
c) Pizza sosunu hamurun yarısına, kenarlarda bir kenarlık bırakarak yayın.
ç) Sosun üzerine dilimlenmiş mantarları ve doğranmış sucukları katlayın, ardından mozzarella peyniri serpin.
d) Hamurun diğer yarısını üst kısımların üzerine katlayın ve kenarlarını kıvırarak kapatın.
e) Üstüne zeytinyağı sürün ve kurutulmuş kekik serpin.
f) 15-20 dakika veya calzone altın rengi oluncaya ve peynir eriyene kadar pişirin.
g) Dilimleyip servis yapmadan önce hafifçe soğumasını bekleyin.

70.Pepperoni ve Ispanak Dolması Tavuk Göğsü

İÇİNDEKİLER:

- 4 kemiksiz, derisiz tavuk göğsü
- 1/2 bardak doğranmış pepperoni
- 1 su bardağı doğranmış taze ıspanak
- 1 su bardağı rendelenmiş mozarella peyniri
- 2 yemek kaşığı zeytinyağı
- Tatmak için biber ve tuz

TALİMATLAR:

a) Fırını önceden 375°F'ye (190°C) ısıtın.
b) Her tavuk göğsünü kelebekleyin.
c) Bir kasede doğranmış pepperoni, doğranmış ıspanak ve mozzarella peynirini birleştirin.
ç) Her tavuk göğsünü biberli ve ıspanaklı karışımla doldurun.
d) Gerekirse kürdanla sabitleyin.
e) Doldurulmuş tavuk göğüslerini tuz ve karabiberle tatlandırın.
f) Zeytinyağını fırına dayanıklı bir tavada orta-yüksek ateşte ısıtın.
g) Tavuğun her iki tarafını da kızartın, ardından tavayı fırına aktarın.
ğ) 20-25 dakika veya tavuk iyice pişene kadar pişirin.
h) Servis yapmadan önce dinlenmeye bırakın.

71. Sarımsaklı Tost Krutonlu Pizza Çorbası

İÇİNDEKİLER:
- 1 kutu (28 ons) doğranmış domates, süzülmüş
- 1 kutu (15 ons) pizza sosu
- 1 pound kemiksiz derisiz tavuk göğsü, 1 inçlik parçalar halinde kesilmiş
- 1 paket (3 ons) dilimlenmiş pepperoni, yarıya bölünmüş
- 1 su bardağı dilimlenmiş taze mantar
- 1 küçük soğan, doğranmış
- 1/2 su bardağı doğranmış yeşil biber
- 1/4 çay kaşığı biber
- 2 kutu (her biri 14-1/2 ons) tavuk suyu
- 1 paket (11-1/4 ons) dondurulmuş sarımsaklı Teksas tostu
- 1 paket (10 ons) dondurulmuş doğranmış ıspanak, çözülmüş ve kuru olarak sıkılmış
- 1 su bardağı rendelenmiş yarım yağlı mozzarella peyniri

TALİMATLAR:
a) İlk 9 malzemeyi 6 qt'de karıştırın. yavaş pişirici. Tavuklar yumuşayana kadar 6-8 dakika, kapağı kapalı olarak kısık ateşte pişirin.
b) Kruton: Texas tostunu küp şeklinde dilimleyin. Paket talimatlarını takip ederek pişirin.
c) Ispanakları çorbaya koyun ve ara sıra karıştırarak ısıtın.
ç) Servislerin üzerine sıcak krutonları ve peyniri koyun. Dondurma: Dondurucu kaplarda soğutulmuş çorbayı dondurun. Kullanımı: Buzdolabında, gece boyunca kısmen çözdürün. Bir tencerede ara sıra karıştırarak ısıtın. Krutonları belirtildiği gibi hazırlayın. Çorbanın üzerine kruton ve peyniri koyun.

72.Pepperoni ve Mısır unu Kabuklu Kalamar

İÇİNDEKİLER:

- 1 kiloluk kalamar halkaları, temizlenmiş ve dondurulmuşsa çözülmüş
- 1/2 su bardağı ince öğütülmüş mısır unu
- 1/2 bardak çok amaçlı un
- 1 çay kaşığı füme kırmızı biber
- Tatmak için biber ve tuz
- 1 bardak dilimlenmiş pepperoni
- Daldırma için Marinara sosu

TALİMATLAR:

a) Bir kapta mısır unu, un, füme kırmızı biber, tuz ve karabiberi birleştirin.
b) Her kalamar halkasını mısır unu karışımına bulayın.
c) Yağı bir tavada orta-yüksek ateşte ısıtın.
ç) Kalamar halkalarını altın rengi kahverengi ve çıtır olana kadar kızartın.
d) Kızartmanın son dakikasında dilimlenmiş biberleri tavaya ekleyin.
e) Kağıt havluların üzerine boşaltın ve daldırma için marinara sosuyla servis yapın.

73.Izgara calzone

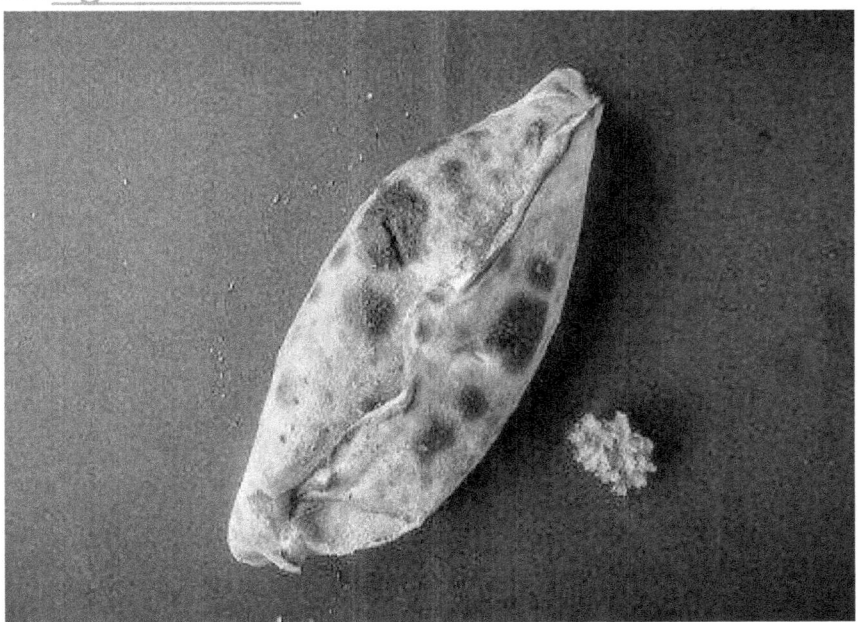

İÇİNDEKİLER:

- 2 yemek kaşığı. Margarin veya tereyağı, yumuşatılmış
- 8 segment Beyaz sandviç ekmeği
- 1/2 bardak Pizza sosu
- 2 su bardağı Rendelenmiş Monterey Jack peyniri
- 12 ince parça salam veya sucuk
- İstenirse pizza sosu

TALİMATLAR:

a) Kömürleri veya gazlı ızgarayı ısıtın. 2 dilim ekmeğin bir yüzüne margarini sürün. 1 parçayı margarin tarafı dışarıda olacak şekilde ızgaraya yerleştirin

b) Ekmeğin orta kısmına 2 yemek kaşığı pizza sosunu dökün . 1/2 bardak peynir serpin; üstte 3 parça salam bulunur.

c) Diğer ekmek parçasını margarin tarafı dışarıda olacak şekilde üstüne koyun. Basın; Gerekirse fazla ekmeği kesin.

ç) Izgara 4 ila 6 inç orta ateşte 8 ila 10 dakika, ekmek altın kahverengi olana ve peynir eriyene kadar bir kez döndürülerek . kalan malzemelerle çoğaltın .

d) Pizza sosuyla sıcak servis yapın

74.Biberli Köfte

İÇİNDEKİLER:

- 2 kilo öğütülmüş tavuk
- 1 çay kaşığı tuz veya tadı
- 2 yumurta, dövülmüş
- 1 çay kaşığı biber veya tadı
- ½ pound biberli dilimler, kıyılmış
- Tatmak için acı sos (isteğe bağlı)

TALİMATLAR:

a) Bir kasede tavuk, tuz, yumurta, karabiber ve biberi birleştirin.

b) Parşömen kağıdıyla kaplayarak bir fırın tepsisi hazırlayın ve fırınınızı önceden 350° F'ye ısıtın.

c) Karışımdan 16 adet top yapın ve fırın tepsisine dizin.

ç) Köfteleri yaklaşık 20-30 dakika veya kahverengileşip iyice pişene kadar pişirin. Pişirirken topları iki kez atın, böylece iyi pişerler. Veya topları tavada bile pişirebilirsiniz.

75.Biberli ve Sebzeli Biber Dolması

İÇİNDEKİLER:
- Dolmalık biberler ikiye bölünmüş ve temizlenmiş
- 1 su bardağı pişmiş pirinç
- 1/2 bardak doğranmış pepperoni
- 1/2 bardak doğranmış domates
- 1/2 bardak doğranmış kabak
- 1/2 su bardağı rendelenmiş mozzarella peyniri
- 1 çay kaşığı İtalyan baharatı
- Tatmak için biber ve tuz

TALİMATLAR:
a) Fırını önceden 375°F'ye (190°C) ısıtın.
b) Bir kasede pişmiş pirinç, doğranmış pepperoni, doğranmış domates, doğranmış kabak, mozzarella peyniri, İtalyan baharatı, tuz ve karabiberi karıştırın.
c) Her dolmalık biberin yarısını karışımla doldurun.
ç) Doldurulmuş biberleri bir fırın kabına koyun ve üzerini folyo ile örtün.
d) 25-30 dakika veya biberler yumuşayana kadar pişirin.
e) Sıcak servis yapın.

76.Pepperoni ve Sebze Stromboli

İÇİNDEKİLER:

- Pizza hamuru
- 1/2 bardak pizza sosu
- 1 su bardağı dilimlenmiş biber (çeşitli renklerde)
- 1/2 bardak dilimlenmiş kırmızı soğan
- 1/2 su bardağı dilimlenmiş siyah zeytin
- 1/2 bardak doğranmış pepperoni
- 1 1/2 su bardağı rendelenmiş mozzarella peyniri
- Fırçalamak için zeytinyağı

TALİMATLAR:

a) Fırını önceden 425°F'ye (220°C) ısıtın.
b) Unlu bir yüzeyde pizza hamurunu açın.
c) Pizza sosunu hamurun üzerine, kenarlarda bir kenarlık bırakarak yayın.
ç) Sosun üzerine dolmalık biber, kırmızı soğan, siyah zeytin, doğranmış pepperoni ve mozzarella peynirini katlayın.
d) Hamuru bir kütük oluşturacak şekilde sıkıca yuvarlayın ve ek yeri aşağı bakacak şekilde bir fırın tepsisine yerleştirin.
e) Üst kısmını zeytinyağıyla fırçalayın.
f) 20-25 dakika veya altın rengi kahverengi olana kadar pişirin.
g) Dilimlemeden önce hafifçe soğumasını bekleyin.

77. Pepperoni ve Pesto Tortellini Fırında

İÇİNDEKİLER:

- Paket talimatlarına göre pişirilmiş 1 kiloluk peynirli tortellini
- 1/2 bardak doğranmış pepperoni
- 1 su bardağı kiraz domates, ikiye bölünmüş
- 1/2 bardak pesto sosu
- 1 su bardağı rendelenmiş mozarella peyniri
- 1/4 su bardağı rendelenmiş parmesan peyniri
- Garnitür için taze fesleğen

TALİMATLAR:

a) Fırını önceden 375°F'ye (190°C) ısıtın.
b) Büyük bir kapta pişmiş tortellini, doğranmış pepperoni, kiraz domates ve pesto sosunu birleştirin.
c) Karışımı bir fırın tepsisine aktarın.
ç) Mozzarella ve Parmesan peynirlerini serpin.
d) 20-25 dakika veya peynir eriyip kabarcıklanıncaya kadar pişirin.
e) Servis yapmadan önce taze fesleğen ile süsleyin.

ÇORBALAR

78.Biberli Pizza Çorbası

İÇİNDEKİLER:

- 8 oz. Pepperoni, doğranmış
- 5 oz. Mantarlar, taze, doğranmış
- 28 oz. Domates, konserve, doğranmış, suyu süzülmüş
- 3 oz. Sığır eti tabanı
- 1 adet Kremalı Çorba Tabanı, 25.22 oz. çanta hazırlandı
- 0,05 oz. Kekik, taze, kıyılmış
- 1 çay kaşığı. Beyaz biber, öğütülmüş
- 16 oz. Mozzarella peyniri, rendelenmiş

TALİMATLAR:

a) Büyük bir tencerede orta ateşte biberleri 3-5 dakika soteleyin. Mantarları ve domatesleri ekleyin, 5 dakika daha pişirin. Sığır eti tabanını ekleyin, birleştirmek için iyice karıştırın. Kremalı Çorba Tabanı, kekik ve beyaz biberi ekleyin, iyice karıştırın ve ısıtın. Mozzarella peynirini ekleyip eriyene kadar ısıtın. Sıcak rezerve edin.

b) Tabağa: 10,0 fl servis yapın. oz. bir kasede biberli çorba.

79. Biberli Haşlanmış Hindi Biberi

İÇİNDEKİLER:

- 1 yemek kaşığı zeytinyağı (sızma)
- 1 orta boy soğan, doğranmış
- Pepperoni, doğranmış
- Yüzde 99'u yağsız olan 1 kiloluk hindi
- 2 kutu (15 oz.) yıkanmış ve suyu süzülmüş siyah fasulye
- 2 kutu (15 oz.) yıkanmış ve suyu süzülmüş barbunya fasulyesi
- 2 kutu (15 oz.) domates sosu
- 2 kutu (15 oz.) küçük doğranmış domates
- 1 kavanoz (16 oz.) doğranmış evcil jalapeno biber, süzülmüş
- 1 su bardağı dondurulmuş mısır
- 2 yemek kaşığı biber tozu
- 1 yemek kaşığı kimyon
- Tatmak için tuz
- Karabiberi sıkın

TALİMATLAR:

a) Yağı bir tavada orta ateşte ısıtın.
b) Hindiyi tavaya ekleyin ve kızarana kadar soteleyin.
c) Hindiyi yavaş tencereye dökün.
ç) Soğan, pepperoni, domates sosu, doğranmış domates, fasulye, jalapenos, mısır, kırmızı biber tozu ve kimyonu ekleyin. Tuz ve karabiberle karıştırıp tatlandırın.
d) Kapağını kapatıp 4 saat boyunca yüksek sıcaklıkta veya 6 saat boyunca düşük sıcaklıkta pişirin.

80.Biberli Peynir Çorbası

İÇİNDEKİLER:
- 1 litre üzüm domates
- 2 yemek kaşığı zeytinyağı, bölünmüş
- 1/2 çay kaşığı kurutulmuş kekik
- 1/2 çay kaşığı biber, bölünmüş
- 3/4 bardak doğranmış tatlı soğan
- 3/4 su bardağı doğranmış havuç
- 3/4 su bardağı doğranmış yeşil biber
- 1 karton (32 ons) sodyumu azaltılmış tavuk suyu
- 1-1/4 su bardağı küp küp soyulmuş patates
- 3 su bardağı rendelenmiş yarım yağlı mozzarella peyniri, bölünmüş
- 2 su bardağı rendelenmiş beyaz kaşar peyniri
- 1 paket (8 ons) krem peynir, küp şeklinde
- 1 bardak tam yağlı süt
- 2 çay kaşığı pizza veya İtalyan baharatı
- 1/4 çay kaşığı ezilmiş kırmızı biber gevreği
- 2 paket (bir 8 ons, bir 3-1/2 ons) dilimlenmiş biberli, doğranmış, bölünmüş

TALİMATLAR:

a) 15x10x1 inçlik fırın tepsisini yağlayın ve domatesleri yerleştirin, üzerine 1/4 çay kaşığı dökün. biber, kekik ve 1 yemek kaşığı. yağlayın ve yavaşça fırlatın. Yumuşak oluncaya kadar veya 400 derecede 10-15 dakika pişirin, ardından bir kenara koyun.

b) Kalan yağı kullanarak soğanı Hollandalı bir fırında yumuşayana kadar soteleyin. Kalan biberi, yeşil biberi ve havuçları ekleyin ve 4 dakika daha soteleyin.

c) Daha sonra patatesleri ve et suyunu ekleyip kaynatın. Isıyı düşürün ve patatesler yumuşayana kadar çorbayı üstü kapalı olarak pişirin veya 10-15 dakika pişirin, ardından hafifçe soğumaya bırakın.

ç) Çorbayı bir blender kullanarak pürüzsüz hale gelinceye kadar gruplar halinde işleyin, ardından hepsini tekrar tavaya geri koyun ve tamamen ısıtın. Pul biber, pizza baharatı, süt, krem peynir, kaşar peyniri ve 2 su bardağı mozzarella peynirini tüm peynirler eriyene kadar karıştırın.

d) Ayrılmış domatesleri ve 1 1/3 bardak biberliyi ekleyip ısınmasını sağlayın. Çorbayı, pepperoni ve mozzarella peynirinden geriye kalanlarla birlikte servis edin.

81. Pepperoni ve Domates Çorbası

İÇİNDEKİLER:

- 2 yemek kaşığı zeytinyağı
- 1 su bardağı doğranmış soğan
- 1 su bardağı doğranmış kereviz
- 1 su bardağı doğranmış havuç
- 2 diş sarımsak, kıyılmış
- 1/2 bardak doğranmış pepperoni
- 1 kutu (28 oz) ezilmiş domates
- 4 su bardağı tavuk veya sebze suyu
- 1 çay kaşığı kurutulmuş fesleğen
- Tatmak için biber ve tuz
- 1/2 bardak küçük makarna (isteğe bağlı)

TALİMATLAR:

a) Büyük bir tencerede zeytinyağını orta ateşte ısıtın. Soğan, kereviz ve havuç ekleyin. Sebzeler yumuşayana kadar pişirin.

b) Kıyılmış sarımsak ve doğranmış biberleri ekleyin. 2 dakika daha pişirin.

c) Ezilmiş domatesleri ve et suyunu dökün. Kaynamaya getirin.

ç) Kurutulmuş fesleğen, tuz ve karabiberi ekleyip karıştırın. İstenirse makarna ekleyin.

d) Tatlar birbirine karışana ve sebzeler yumuşayana kadar 15-20 dakika pişirin.

e) Sıcak servis yapın.

82.Pepperoni ve Fasulye Çorbası

İÇİNDEKİLER:

- 2 yemek kaşığı zeytinyağı
- 1 su bardağı doğranmış soğan
- 2 diş sarımsak, kıyılmış
- 1/2 bardak doğranmış pepperoni
- 2 kutu (her biri 15 oz) cannellini fasulyesi, süzülmüş ve durulanmış
- 4 su bardağı tavuk veya sebze suyu
- 1 çay kaşığı kurutulmuş kekik
- Tatmak için biber ve tuz
- Garnitür için taze maydanoz

TALİMATLAR:

a) Çorba tenceresinde zeytinyağını orta ateşte ısıtın. Soğanı ekleyip yumuşayana kadar pişirin.
b) Kıyılmış sarımsak ve doğranmış biberleri ekleyin. 2 dakika daha pişirin.
c) Cannellini fasulyesini, et suyunu, kurutulmuş kekik, tuz ve karabiberi karıştırın.
ç) Kaynamaya bırakın ve 15-20 dakika pişirin.
d) Servis yapmadan önce taze maydanozla süsleyin.

83.Pepperoni ve patates çorbası

İÇİNDEKİLER:

- 3 yemek kaşığı tereyağı
- 1 su bardağı doğranmış soğan
- 2 diş sarımsak, kıyılmış
- 1/2 bardak doğranmış pepperoni
- 4 su bardağı doğranmış patates
- 4 su bardağı tavuk veya sebze suyu
- 1 bardak süt
- 1 su bardağı rendelenmiş kaşar peyniri
- Tatmak için biber ve tuz
- Garnitür için doğranmış yeşil soğan

TALİMATLAR:

a) Büyük bir tencerede orta ateşte tereyağını eritin. Soğanı ekleyin ve yarı saydam olana kadar pişirin.
b) Kıyılmış sarımsak ve doğranmış biberleri ekleyin. 2 dakika daha pişirin.
c) Doğranmış patatesleri ve et suyunu ekleyin. Kaynamaya bırakın, ardından ısıyı azaltın ve patatesler yumuşayıncaya kadar pişirin.
ç) Süt, rendelenmiş kaşar peyniri, tuz ve karabiberi ekleyip karıştırın. Peynir eriyene kadar pişirin.
d) Servis yapmadan önce doğranmış yeşil soğanlarla süsleyin.

84.Pepperoni ve Mercimek Çorbası

İÇİNDEKİLER:

- 2 yemek kaşığı zeytinyağı
- 1 su bardağı doğranmış soğan
- 2 diş sarımsak, kıyılmış
- 1/2 bardak doğranmış pepperoni
- 1 su bardağı kurutulmuş mercimek, durulanmış ve süzülmüş
- 8 su bardağı tavuk veya sebze suyu
- 1 çay kaşığı öğütülmüş kimyon
- 1/2 çay kaşığı füme kırmızı biber
- Tatmak için biber ve tuz
- Servis için taze limon dilimleri

TALİMATLAR:

a) Büyük bir çorba tenceresinde zeytinyağını orta ateşte ısıtın. Soğanı ekleyip yumuşayana kadar pişirin.
b) Kıyılmış sarımsak ve doğranmış biberleri ekleyin. 2 dakika daha pişirin.
c) Kurutulmuş mercimek, et suyu, öğütülmüş kimyon, füme kırmızı biber, tuz ve karabiberi karıştırın.
ç) Kaynamaya bırakın, ardından ısıyı azaltın ve mercimekler yumuşayıncaya kadar pişirin.
d) Taze limon dilimleri ile sıcak olarak servis yapın.

85.Pepperoni ve Mantarlı Arpa Çorbası

İÇİNDEKİLER:

- 2 yemek kaşığı zeytinyağı
- 1 su bardağı doğranmış soğan
- 1 su bardağı doğranmış kereviz
- 1 su bardağı doğranmış havuç
- 2 diş sarımsak, kıyılmış
- 1/2 bardak doğranmış pepperoni
- 8 ons mantar, dilimlenmiş
- 1 bardak inci arpa, durulanmış
- 8 su bardağı et veya sebze suyu
- 1 çay kaşığı kurutulmuş kekik
- Tatmak için biber ve tuz

TALİMATLAR:

a) Büyük bir tencerede zeytinyağını orta ateşte ısıtın. Soğan, kereviz, havuç ve sarımsak ekleyin. Sebzeler yumuşayana kadar pişirin.
b) Doğranmış biberleri ve dilimlenmiş mantarları ekleyin. 3-5 dakika daha pişirin.
c) Arpa, et suyu, kurutulmuş kekik, tuz ve karabiberi ilave edip karıştırın. Kaynamaya getirin.
ç) Yaklaşık 40-45 dakika veya arpalar yumuşayıncaya kadar pişirin.
d) Sıcak servis yapın.

86.Biberli ve Beyaz Fasulyeli Escarole Çorbası

İÇİNDEKİLER:

- 2 yemek kaşığı zeytinyağı
- 1 su bardağı doğranmış soğan
- 2 diş sarımsak, kıyılmış
- 1/2 bardak doğranmış pepperoni
- 1 demet hindiba, doğranmış
- 2 kutu (her biri 15 oz) cannellini fasulyesi, süzülmüş ve durulanmış
- 8 su bardağı tavuk veya sebze suyu
- 1 çay kaşığı kurutulmuş biberiye
- Tatmak için biber ve tuz

TALİMATLAR:

a) Çorba tenceresinde zeytinyağını orta ateşte ısıtın. Soğanı ekleyin ve yarı saydam olana kadar pişirin.
b) Kıyılmış sarımsak ve doğranmış biberleri ekleyin. 2 dakika daha pişirin.
c) Kıyılmış hindiba, cannellini fasulyesi, et suyu, kurutulmuş biberiye, tuz ve karabiberi karıştırın.
ç) Ateşe verin ve yaklaşık 15-20 dakika pişirin.
d) Sıcak servis yapın.

87.Pepperoni ve Tortellini Çorbası

İÇİNDEKİLER:

- 2 yemek kaşığı zeytinyağı
- 1 su bardağı doğranmış soğan
- 2 diş sarımsak, kıyılmış
- 1/2 bardak doğranmış pepperoni
- 6 su bardağı tavuk suyu
- 1 paket (yaklaşık 20 oz) peynirli tortellini
- 1 kutu (14 oz) doğranmış domates
- 1 çay kaşığı kurutulmuş İtalyan baharatı
- Tatmak için biber ve tuz
- Garnitür için taze fesleğen

TALİMATLAR:

a) Büyük bir tencerede zeytinyağını orta ateşte ısıtın. Soğanı ekleyip yumuşayana kadar pişirin.
b) Kıyılmış sarımsak ve doğranmış biberleri ekleyin. 2 dakika daha pişirin.
c) Tavuk suyunu dökün ve kaynatın. Peynirli tortellini ekleyin ve paketin üzerindeki talimatlara göre pişirin.
ç) Doğranmış domatesleri, kurutulmuş İtalyan baharatlarını, tuzu ve karabiberi ilave edip karıştırın.
d) 5-7 dakika kaynatın. Servis yapmadan önce taze fesleğen ile süsleyin.

88.Biberli ve Ispanaklı Orzo Çorbası

İÇİNDEKİLER:

- 2 yemek kaşığı zeytinyağı
- 1 su bardağı doğranmış soğan
- 2 diş sarımsak, kıyılmış
- 1/2 bardak doğranmış pepperoni
- 1 bardak orzo makarna
- 8 su bardağı tavuk veya sebze suyu
- 4 su bardağı taze ıspanak yaprağı
- 1/2 su bardağı rendelenmiş parmesan peyniri
- Tatmak için biber ve tuz

TALİMATLAR:

a) Çorba tenceresinde zeytinyağını orta ateşte ısıtın. Soğanı ekleyin ve yarı saydam olana kadar pişirin.
b) Kıyılmış sarımsak ve doğranmış biberleri ekleyin. 2 dakika daha pişirin.
c) Orzo makarnasını ve et suyunu karıştırın. Kaynatın ve orzo pişene kadar pişirin.
ç) Taze ıspanakları ekleyip suyunu çekene kadar pişirin.
d) Servis yapmadan önce tuz ve karabiberle tatlandırın ve rendelenmiş Parmesan peynirini ekleyerek karıştırın.

SALATALAR

89.Tortellini Salatası

İÇİNDEKİLER:
- 1 paket üç renkli peynirli tortellini
- ½ bardak doğranmış pepperoni
- ¼ bardak dilimlenmiş yeşil soğan
- 1 adet doğranmış yeşil biber
- 1 su bardağı ikiye bölünmüş kiraz domates
- 1¼ bardak dilimlenmiş Kalamata zeytini
- ¾ bardak doğranmış marine edilmiş enginar kalbi
- 6 ons doğranmış mozzarella peyniri
- ⅓ bardak İtalyan sosu

TALİMATLAR:
a) Tortelliniyi paketin üzerindeki talimatlara göre pişirin, ardından süzün.
b) Tortelliniyi, sos hariç kalan malzemelerle birlikte geniş bir karıştırma kabına alın.
c) Üzerine pansumanı gezdirin.
ç) 2 saat soğuması için bir kenara koyun.

90.Meze Wonton Salatası

İÇİNDEKİLER:
- 4 su bardağı karışık yeşillik
- 1/4 bardak dilimlenmiş salam
- 1/4 bardak dilimlenmiş pepperoni
- 1/4 bardak dilimlenmiş provolon peyniri
- 1/4 su bardağı dilimlenmiş közlenmiş kırmızı biber
- 8 wonton sarmalayıcı, kızartılmış ve doğranmış

PANSUMAN:
- 2 yemek kaşığı kırmızı şarap sirkesi
- 1 yemek kaşığı zeytinyağı
- 1 diş sarımsak, kıyılmış
- Tatmak için biber ve tuz

TALİMATLAR:
a) Büyük bir kapta karışık yeşillikleri, dilimlenmiş salamı, dilimlenmiş sucukları, dilimlenmiş provolon peynirini ve dilimlenmiş közlenmiş kırmızı biberleri birleştirin.

b) Sosu hazırlamak için küçük bir kapta kırmızı şarap sirkesini, zeytinyağını, kıyılmış sarımsağı, tuzu ve karabiberi çırpın.

c) Sosu salatanın üzerine dökün ve birleştirmek için fırlatın.

ç) Üzerine doğranmış kızarmış wontonları ekleyin.

d) Derhal servis yapın.

91.Pepperoni ve Makarna Salatası

İÇİNDEKİLER:
- 2 su bardağı pişmiş makarna (rotini veya düdük gibi), soğutulmuş
- 1/2 bardak doğranmış pepperoni
- 1/2 bardak kiraz domates, yarıya bölünmüş
- 1/4 su bardağı dilimlenmiş siyah zeytin
- 1/4 bardak doğranmış salatalık
- 1/4 bardak doğranmış kırmızı dolmalık biber
- 1/4 su bardağı rendelenmiş mozzarella peyniri
- İtalyan sosu
- Garnitür için taze maydanoz

TALİMATLAR:
a) Büyük bir kapta pişmiş makarna, doğranmış pepperoni, kiraz domates, siyah zeytin, salatalık, kırmızı dolmalık biber ve rendelenmiş mozzarella peynirini birleştirin.
b) İtalyan sosunu gezdirin ve birleştirmek için fırlatın.
c) Servis yapmadan önce taze maydanozla süsleyin.

92.Pepperoni ve Sezar Salatası

İÇİNDEKİLER:
- 4 su bardağı doğranmış marul
- 1/2 bardak doğranmış pepperoni
- 1/4 su bardağı rendelenmiş parmesan peyniri
- 1/2 bardak kruton
- Sezar Sosu
- Taze çekilmiş karabiber

TALİMATLAR:
a) Büyük bir kapta doğranmış marul, doğranmış pepperoni, rendelenmiş Parmesan peyniri ve krutonları birleştirin.
b) Sezar sosunu gezdirin ve eşit şekilde kaplayacak şekilde fırlatın.
c) Servis yapmadan önce üzerine taze çekilmiş karabiber serpin.

93.Pepperoni ve Nohut Salatası

İÇİNDEKİLER:
- 2 su bardağı karışık salata yeşillikleri
- 1/2 bardak doğranmış pepperoni
- 1 kutu (15 oz) nohut, süzülmüş ve durulanmış
- 1/2 bardak kiraz domates, yarıya bölünmüş
- 1/4 bardak dilimlenmiş salatalık
- 1/4 bardak dilimlenmiş kırmızı soğan
- Beyaz peynir ufalanıyor
- Yunan sosu
- Garnitür için Kalamata zeytinleri

TALİMATLAR:
a) Büyük bir kapta karışık salata yeşilliklerini, doğranmış sucukları, nohutları, kiraz domatesleri, salatalıkları ve kırmızı soğanı birleştirin.
b) Üzerine beyaz peynir kırıntıları serpin ve Yunan sosunu gezdirin. Birleştirmek için fırlatın.
c) Servis yapmadan önce Kalamata zeytinleriyle süsleyin.

94.Pepperoni ve Avokado Caprese Salatası

İÇİNDEKİLER:
- 4 su bardağı karışık salata yeşillikleri
- 1/2 bardak doğranmış pepperoni
- 1 su bardağı kiraz domates, ikiye bölünmüş
- 1 avokado, doğranmış
- 1/2 bardak taze mozzarella topları
- Balzamik sır
- Garnitür için taze fesleğen yaprakları

TALİMATLAR:
a) Büyük bir kapta karışık salata yeşilliklerini, doğranmış sucukları, kiraz domatesleri, doğranmış avokado ve taze mozzarella toplarını birleştirin.
b) Balzamik sırla gezdirin ve birleştirmek için hafifçe fırlatın.
c) Servis yapmadan önce taze fesleğen yapraklarıyla süsleyin.

95.Pepperoni ve Kinoa Salatası

İÇİNDEKİLER:
- 2 su bardağı pişmiş kinoa, soğutulmuş
- 1/2 bardak doğranmış pepperoni
- 1/2 bardak salatalık, doğranmış
- 1/2 bardak kiraz domates, yarıya bölünmüş
- 1/4 bardak kırmızı soğan, ince doğranmış
- 1/4 su bardağı beyaz peynir kırıntısı
- Limonlu sos sosu
- Garnitür için taze maydanoz

TALİMATLAR:
a) Büyük bir kapta pişmiş kinoa, doğranmış pepperoni, salatalık, kiraz domates, kırmızı soğan ve beyaz peynir parçalarını birleştirin.
b) Limonlu salata sosunu gezdirin ve birleştirmek için fırlatın.
c) Servis yapmadan önce taze maydanozla süsleyin.

96.Pepperoni ve Ispanaklı Çilek Salatası

İÇİNDEKİLER:
- 4 su bardağı bebek ıspanak
- 1/2 bardak doğranmış pepperoni
- 1 su bardağı taze çilek, dilimlenmiş
- 1/4 bardak dilimlenmiş badem
- Beyaz peynir ufalanıyor
- Balzamik sos sosu

TALİMATLAR:
a) Büyük bir kapta körpe ıspanak, doğranmış sucuk, dilimlenmiş çilek, dilimlenmiş badem ve beyaz peynir parçalarını birleştirin.
b) Balzamik salata sosunu gezdirin ve birleştirmek için hafifçe fırlatın.

97.Biberli ve Nohutlu Yunan Salatası

İÇİNDEKİLER:
- 4 su bardağı doğranmış marul
- 1/2 bardak doğranmış pepperoni
- 1 kutu (15 oz) nohut, süzülmüş ve durulanmış
- 1/2 bardak kiraz domates, yarıya bölünmüş
- 1/4 bardak dilimlenmiş salatalık
- 1/4 bardak dilimlenmiş kırmızı soğan
- Kalamata zeytin
- Beyaz peynir ufalanıyor
- Yunan sosu

TALİMATLAR:
a) Büyük bir kapta doğranmış marul, doğranmış sucuk, nohut, çeri domates, salatalık, kırmızı soğan, Kalamata zeytinleri ve beyaz peynir parçalarını birleştirin.
b) Yunan sosunu gezdirin ve birleştirmek için hafifçe fırlatın.

TATLI

98.Pepperoni ve Çikolata Kabuğu

İÇİNDEKİLER:
- Eritilmiş bitter çikolata veya sütlü çikolata
- Mini biber dilimleri
- Ezilmiş simit
- Kıyılmış fındık (isteğe bağlı)

TALİMATLAR:
a) Bir fırın tepsisini parşömen kağıdıyla hizalayın.
b) Eritilmiş çikolatayı parşömen kağıdının üzerine dökün ve eşit şekilde dağıtın.
c) Çikolatanın üzerine mini pepperoni dilimleri, ezilmiş simit ve doğranmış fındık serpin.
ç) Çikolatanın buzdolabında donmasına izin verin.
d) Sertleştikten sonra kabuğu parçalara ayırın ve bu tatlı ve tuzlu atıştırmalıkların tadını çıkarın.

99.Akçaağaç Pepperoni Cupcakes

İÇİNDEKİLER:
- Dilediğiniz kek hamuru
- Akçaağaç kreması
- Garnitür için çıtır pişmiş biberli

TALİMATLAR:
a) En sevdiğiniz kekleri tarife veya kutuya göre pişirin
b) Soğuduktan sonra kekleri akçaağaç kremasıyla süsleyin.
c) Her keki bir parça çıtır pişmiş biberli ile süsleyin.

100.Biberli Pizza Kek

İÇİNDEKİLER:
- 2 kutu (13,8 oz) soğutulmuş Pizza Kabuğu
- 1 1/2 bardak pizza sosu (15 oz'luk kutudan)
- 3 bardak rendelenmiş mozzarella peyniri (12 oz)
- 1 bardak dilimlenmiş pepperoni
- İstenirse 1 yemek kaşığı tereyağı

TALİMATLAR:
a) Fırını 400°F'ye ısıtın. Büyük kurabiye kağıdını pişirme spreyi ile hafifçe püskürtün veya üzerine zeytinyağı gezdirin.

b) Uzun kenarlı fırına dayanıklı tavanın çapını ölçün. (Kullanılan tava 6 inç çapında ve 4 inç yüksekliğindeydi.) 1 kutu hamuru çalışma yüzeyine açın; ince bir tabaka halinde bastırın. 3 (6 inç) tur kesin; çerez kağıdına yerleştirin. 8 dakika pişirin. Çerez sayfasından soğutma rafına çıkarın; Serin.

c) Kalan hamur kutusunu açın; karşı tarafa dokunmadan hamurun uzun kenarından 2 ek (6 inç) tur kesin. Soğutulmuş çerez kağıdına turları yerleştirin. 8 dakika pişirin. Çerez sayfasından kaldırın; Serin.

ç) Bu arada, kağıdın uçları yukarı ve tavadan dışarı çıkacak şekilde pişirme parşömen kağıdını tavaya yerleştirin. Tava yüksekliğinden en az 1/2 inç daha geniş olan uzun hamur şeridini kesin. Uzun hamur şeridini tavanın iç kenarından çizgiye kadar dikkatlice örtün, tavanın dış kenarından ve tavanın alt kısmından 1/2 inç sarkacak şekilde bırakın. Kapatmak için dikişi sıkıştırın.

d) Kısmen pişmiş 1 kabuğu yuvarlak şekilde tavanın altına dikkatlice yerleştirin. Pizza sosunu kabuğun üzerine yayın; üstüne biberli dilimler koyun ve mozzarella peyniri serpin (peynir eridiğinde üstteki kabuk ona yapışacaktır). 3 katman daha oluşturmak için tekrarlayın. Üst kat için son kabuğu peynirin üzerine yerleştirin; kalan peyniri serpin ve kalan biberleri üstüne yerleştirin.

e) Yükseltilmiş bir kabuk kenarı oluşturmak için sarkan hamuru pizza kekinin üst katmanının üzerine katlayın.

f) 20 ila 25 dakika veya pizza kekinin etrafındaki hamur tamamen pişene kadar pişirin.

g) Tamamen piştikten sonra tavada 5 dakika soğutun. Pizza kekini tavadan çıkarın; kabuğunu tereyağıyla fırçalayın. Dilimleri pasta keser gibi kesmek için keskin bir bıçak kullanın.

ÇÖZÜM

Pepperoni'nin baharatlı dünyasını keşfetmemizi tamamlarken, " TAM PEPPERONİ YEMEK KİTABI" nda sunulan çeşitli ve ağız sulandıran tariflerden keyif aldığınızı umuyoruz. Klasik favorilerden farklı dokunuşlara sahip cesur ve yaratıcı kreasyonlara kadar bu koleksiyon, mutfakta pepperoninin çok yönlülüğünün ve zamansız çekiciliğinin bir kanıtıdır.

Bu 100 tarifi denedikçe, yemeklerinize bu sevilen tütsülenmiş etin cesur lezzetlerini katmanın yeni yollarını keşfedeceksiniz. İster göz kamaştırıcı, biberli bir başyapıt yaratmayı seçmiş olun, ister en sevdiğiniz rahat yiyeceklerin incelikli bir şekilde geliştirilmesini seçmiş olun, mutfak maceralarınızın hem heyecan verici hem de tatmin edici olduğuna inanıyoruz.

Biberli kreasyonlarınızın son lokmalarının tadını çıkarırken, bu yemek kitabının size mutfak yaratıcılığınızın sınırlarını zorlamaya devam etme konusunda ilham verdiğini umuyoruz. Aile toplantılarından sıcak gecelere kadar, pepperoninin baharatlı dünyasının yemeklerinize biraz heyecan ve lezzet katmasına izin verin.

İşte lezzetli bir yolculuğa ve mutfağınız sonsuza kadar biberli lezzetlerin cezbedici aromasıyla dolsun!

www.ingramcontent.com/pod-product-compliance
Lightning Source LLC
Chambersburg PA
CBHW071836110526
44591CB00011B/1342